老一辈革命家的故事

中学（下）

中国教育学会组织编写

杨念鲁　主编

教育科学出版社

·北　京·

出　版　人　　所广一
责任编辑　　李正堂
版式设计　　沈晓萌
责任校对　　贾静芳
责任印制　　曲凤玲

图书在版编目（CIP）数据

老一辈革命家的故事．中学．下／杨念鲁主编；中国教育学会组织编写．—北京：教育科学出版社，2013.1（2014.10 重印）

ISBN 978－7－5041－7012－5

Ⅰ.①老…　Ⅱ.①杨…②中…　Ⅲ.①革命传统教育－中国－中学－课外读物　Ⅳ.①G631.3

中国版本图书馆 CIP 数据核字（2012）第 236595 号

老一辈革命家的故事　中学（下）
LAOYIBEI GEMINGJIA DE GUSHI　ZHONGXUE（XIA）

出版发行	教育科学出版社		
社　　址	北京·朝阳区安慧北里安园甲 9 号	市场部电话	010－64989009
邮　　编	100101	编辑部电话	010－64989445
传　　真	010－64891796	网　　址	http://www.esph.com.cn

经　　销	各地新华书店		
制　　作	国民灰色图文中心		
印　　刷	三河市三佳印刷装订有限公司		
开　　本	148 毫米×210 毫米　32 开	版　　次	2013 年 1 月第 1 版
印　　张	8	印　　次	2014 年 10 月第 2 次印刷
字　　数	192 千	定　　价	15.00 元

如有印装质量问题，请到所购图书销售部门联系调换。

编 委 会

写给同学们

　　我们都爱听故事，爱听英雄打仗的故事，可是只读课本上的故事还不过瘾。为了使我们更多、更集中地读到老革命家的故事，深入了解老一辈革命家，走进他们的内心世界，永远铭记他们的丰功伟绩，从他们身上汲取更大的力量，受教育部委托，中国教育学会组织专家编写了本套《老一辈革命家的故事》丛书。

　　这套书以全新的视角、翔实的资料、权威的信息，精编毛泽东、周恩来、刘少奇、朱德、邓小平、陈云等一百多位老一辈革命家的故事二百三十多篇，呈现给我们一幅荡气回肠、波澜壮阔的历史画卷。在这幅画卷里，可以看到井冈山的烽火，听到长征路上的壮歌，走近老一辈革命家曾经走过的峥嵘岁月，了解他们那大义凛然、豪气干云的人生传奇，领略历史关头伟人们的深谋远虑，感受他们大无大有、不慕名利的高风亮节，钦佩他们廉洁自律、心系百姓的平民本色，体验他们对亲人、朋友和家乡的至爱深情，体悟他们诗意人生的独特魅力……阅读本套书，不仅可以扩大我们的阅读视野，更可以了解我们国家和民族曾经走过的辉煌岁月，从而更加珍惜我们今天来之不易的幸福生活。

　　这套书分小学低、中、高年级（各一册）和中学（上、下册），共五册。它们都是按同学们的阅读水平和认知能力选编的。各册中的选文短小精悍，真实可信，叙述生动，文质兼美，富有教育意义。读过之后，我们一定会在老一辈革命家的事迹中得到启迪，获得力量，提高素养，健康成长。

编　者

2012 年 10 月

目录

廉政律己

平民本色

心系百姓

高风亮节

伟大人格

廉政律己

率先垂范，遵纪守法①

沙仁行

制定"三大纪律八项注意"

1927年9月，中国工农红军的前身——工农革命军在三湾改编的时候，毛泽东同志就决心要把部队建设成为一支代表工农利益的革命军队。在行军和休息的时候，毛泽东同志经常深入连队，一再跟战士们讲：旧军队是反动统治阶级的武装，他们到处祸害老百姓，抓夫，派差，抢东西，动不动就打人骂人，是反动统治阶级的走狗。老百姓又是恨，又是怕，一看见他们，就急忙上山躲避。我们是代表工农大众利益的革命军队，可不能像旧军队那样蛮不讲理。我们说话要和气，买卖要公平，不打人，不骂人，不拉夫，请群众挑东西要给钱。

工农革命军中有许多战士是从旧军队来的，经过毛泽东同志的耐心教育，他们的作风有了很大的转变。

---

① 选自《老革命家遵纪守法的故事》，山西人民出版社1980年1月版。标题为编者所加。

　　工农革命军到了茅坪安家以后，有一次到遂川县大汾村打游击，突然遭到地主武装的伏击，队伍一时被冲散了。战士们又累又饿，有的看见老乡种的红薯，不管三七二十一，扒出来就吃。还有少数战士行动散漫，不听指挥，甚至在筹款的时候乱拿东西，又犯了旧军队的老毛病。针对这样的情况，毛泽东同志在 1927 年 10 月 24 日对战士们进行了纪律教育的讲话，号召大家一定要做到行动听指挥，保护群众利益，做好群众工作。他强调："没有群众支持，我们是站不住脚的，根据地是建立不起来的。"他向大家宣布了工农革命军的三条纪律：第一，行动听指挥；第二，不拿群众一个红薯；第三，打土豪要归公。

　　1928 年 1 月底，工农革命军主力在遂川城里过春节。毛泽东同志又向战士们宣布了城市政策，要大家保护工商业，不要侵犯中小商人的利益。

　　工农革命军有个年轻的排长，和战士们住在一户人家的楼上。他看见屋里有个荷叶形的坛子，样子挺新奇，就悄悄地问大家："猜猜看，里面是什么东西？"有人说是空的，有人说装的是腌菜。排长揭开盖子一看："嗬！米酒，好香呀！"说着就舀了点尝了尝。晚上，士兵委员会开会，有的战士提出了这件事，大家纷纷发言讨论。有的战士说："排长只尝了一点儿，没有大喝。"有的战士不同意，说："毛委员宣布了，老百姓的东西，连一个红薯也不能拿。排长尝了群众的酒，这不是犯了群众纪律吗？"讨论越来越深入，意见渐渐统一了，都说这是损害军队和群众之间关系的行为。那位排长听了同志们的分析，认真地检讨说："对，我的确违反了纪律！米酒再香，我一点一滴也不应该尝。以后我坚决按照毛委员说的办！"散会以后，他主动跑去向房东道了歉。

　　毛泽东同志知道了这件事以后，就找老乡们谈话。老乡们反映说："战士们借了门板，有的到时候没有归还；有的还错了，门板装不上去。"毛泽东同志又召集部队讲话，严肃地指出不遵守纪律的现象必须纠正，还根据群众的意见，向战士们提出了六项注意：第一，上门板；第二，捆铺草；第三，说话和气；第四，买卖公平；第五，借东西要还；第六，损坏东西要赔。

毛泽东同志处处以身作则，遵守革命纪律。袁文才的部队在步云山整训的时候，有一天，毛泽东同志忽然听见厨房里有人争吵。进去一看，原来贫农袁大嫂给部队送来了两筐蔬菜，司务长过了秤，要付钱给她。袁大嫂说她不是来卖菜的，挑起空箩筐就要走。司务长急了，拉着扁担不放，两个人就这样吵了起来。毛泽东同志对袁大嫂说，钱一分也不能少，并从自己身上掏出了六个银毫子，一定要给袁大嫂。袁大嫂说什么也不肯收下。毛泽东同志给她解释："买东西付钱，是工农革命军的纪律，谁都得遵守。"袁大嫂激动地擦干了手，双手接过毛泽东同志付给她的六个银毫子。

1928年3月，毛泽东同志在湖南酃县中村给战士们进行政治教育，在一个老乡家里住了10天。临走的时候，他收拾好床铺，把铺床的稻草捆成一捆，亲自背着去送还原主。有个老乡看到了，就说："毛委员，稻草是什么稀罕东西，用不着还了。"毛泽东同志说："这是向群众借的，用完了就应该归还。"

1928年3月底，工农革命军到湖南桂东县发动群众，毛主席在沙田村向战士们明确宣布了"三大纪律八项注意"。三大纪律是：第一，行动听指挥；第二，不拿工人农民一点东西；第三，打土豪要归公。八项注意是：一、上门板；二、捆铺草；三、说话和气；四、买卖公平；五、借东西要还；六、损坏东西要赔；七、洗澡避女人；八、不搜俘虏腰包。

以后，随着情况的不断变化，又做了一些修改。例如，把"打土豪要归公"改成了"一切缴获要归公"；把"不拿工人农民一点东西"改成了"不拿一个鸡蛋"，长征到达陕北后，又改成了"不拿群众一针一线"，意思就是像针那样小、线那样细的东西，也不能拿群众的。

1947年10月，中国人民解放军总部重行颁布了"三大纪律八项注意"。三大纪律是：一、一切行动听指挥；二、不拿群众一针一线；三、一切缴获要归公。八项注意是：一、说话和气；二、买卖公平；三、借东西要还；四、损坏东西要赔；五、不打人骂人；六、不损坏庄稼；七、不调戏妇女；八、不虐待俘虏。

几十年来，"三大纪律八项注意"成为革命取得胜利的可靠保证。

细微之处见精神

周恩来①同志有许多为人们广为流传的遵纪守法的小故事。这些事情好像都很细小，但是，正是通过这些小事情，才更能反映出周恩来同志作为一个伟大的无产阶级革命家的革命精神。

老红军战士刘江萍回忆了这样一件小事：1935年夏天，红军长征路经四川懋功时，上级派她（她当时在总政治部当卫生员）去给正在患病的周恩来副主席当看护员。她在周恩来身边受到了不少教育。有一次，因为一根筷子，周恩来就严肃地批评了她。事情是这样的：周恩来有一个铁饭盒，小刘经常背着它，好装点什么东西，给周恩来在路上吃。这个饭盒已经很旧了，但是还能凑合着用。一次，小刘不慎把饭盒中间的一根铁条搞掉了，她便顺手在房东家里拿了根筷子放在饭盒中间，代替丢掉的铁条。小刘正在绑扎，被周恩来看见了，批评她不该随便拿群众的筷子，还说："这

___

① ［周恩来（1898—1976）］马克思列宁主义者，中国无产阶级革命家、政治家、军事家、外交家，中国共产党、中华人民共和国主要领导人，中国人民解放军主要创建人和领导人。

个饭盒到外面去拣个小树枝修修，也可以用嘛!"他还让小刘把这件事报告给指导员。当时，小刘还很小，对这事有点不太在意，便天真地顺口答道："这还要去说吗?""要说。你不说，我去。"果然，周恩来把这件事向小刘的指导员讲了。回来后，他又耐心地启发小刘："小刘，我们是什么军队?"小刘回答说："工农的子弟兵呗!""子弟兵应该怎样对待群众的利益?"周恩来又问。"不拿群众的一针一线……"答到这里，小刘恍然大悟了，她从内心感谢周恩来对自己的教育，忙把那根筷子送了回去。

新中国成立以后，周恩来担任着党的副主席、国务院总理等重要领导职务，每天不知有多少党和国家以致国际上的大事要他处理，但是，他从不把自己看成高踞于群众头上的特殊人物。他把"总理"这个职务只是看作人民群众的"总管理员"。群众应当遵守的一切，他都严格遵守；群众不应当占的便宜，他也绝不特殊。他仍然像战争年代那样，时刻严格要求自己，他的遵纪守法的事情不仅没有减少，反而越来越多地被人们传颂着。

有一次，周恩来到北京饭店去办事情，正赶上在那里吃饭。饭后，饭店的一位同志给周恩来少算了一份小菜钱。这件事被他发现了，就马上嘱咐秘书把钱补上了。

又有一次，周恩来到饭店去理发。理完发后，到一个房间去休息了一下，前后只用了不到一个小时。临走时，他硬是要付房费。饭店服务员说："这种情况下不好收房费，饭店没有按一小时收费的先例。"周恩来听了后却说："这房间是国家的财产，谁使用它都要付房费，我怎么能特殊呢!"服务员被他说服了，只好按照他的意见，破例地收了房费。

周恩来经常乘坐飞机视察祖国各地和访问世界各国。可是，他乘坐飞机时，从来也没有白吃过一口飞机上的食品，白喝过一口飞机上的茶水。有一次，飞机上的服务员看见总理十分忙碌，便用飞机上招待用的茶叶沏了一杯茶，热情地送到他的面前。周恩来看见茶已沏好，便叫秘书把茶叶还给服务员。秘书拿出一个旧信封，倒出一把茶叶要还，服务员说什么也不肯收。周恩来说："你不收，就违反了国家规定。"服务员只好收下了。从此，周恩来每次乘飞机，便让秘书用自己随身带的茶叶先沏好一杯茶。

1958年1月5日，周恩来到安徽视察工作。下了飞机后，乘汽车向招待所驶去。路上，有一头小猪横穿马路。开在前面的汽车躲闪不及，把小猪撞死了。到招待所下车后，周恩来才听说路上轧死了一头小猪。他立即向省委负责同志说："刚才我们的汽车在路上撞死了一头小猪。把群众的小猪撞死了，车子又不停，这样不好。要立即派人去处理，赔礼道歉，按价赔偿。"于是一位负责同志和司机一起，去寻找小猪的主人。他们费了很大的劲也没有找到。周恩来再次对他们说一定要设法找到。

吃饭的时间到了，他还惦记着这件事情，直到听说终于找到了小猪的主人，并已做了圆满的处理，这才满意地点了点头。

周恩来的右手在延安时期受过伤，落下了残疾。有一次，他在成都开会的时候，因为右手动作不便，碰坏了一只茶杯盖的顶子，临走前非要照价赔偿不可。服务员坚持不收，周恩来一定要赔，俩人争执不下。最后，还是周恩来说服了服务员，硬是赔了八毛钱。

在我国国民经济三年困难时期，周恩来来到河北省，帮助省委安排那里的市场供应和人民群众的生活，还和邓颖超一起深入到武安县伯延公社的几个大队进行调查研究。有一天晌午，周恩来在伯延公社先锋街六食堂访问的时候，看到锅里还剩有玉米面糊糊，就盛上吃了半碗。谁也没想到，第二天，他还特意派人给食堂送来了饭钱和粮票。

1972年11月，周恩来住在天津市招待所里。他很喜欢吃天津的煎饼果子，临离开天津时，他叫警卫员买了16套带走。当警卫员到招待所交钱时，服务员觉得这么一点点东西，怎么好收钱呢？警卫员再三要交，服务员坚持不收，最后还是没有收钱。回到北京以后，周恩来在百忙之中还问到了这件事。当他听说服务人员没有收钱时，便吩咐警卫员，托人给天津市招待所照价送去一元一角二分钱，一斤六两粮票。

还有一次，周恩来和邓颖超一起来到无锡。有一天，他们到蠡园参观，临入园前，周恩来问工作人员："买了门票没有？"陪同人员说："还没有来得及买。"这时，邓颖超便抢着去买门票。她不仅买了周恩来和她自己的，连同北京和上海陪同人员的门票也一起买了。

国务院机关有个规定，凡因私事用汽车，要自付汽油费。周恩来以身作则，严格执行。他把上医院看病、到剧院看演出、去理发馆理发等都定为"私事"，要司机一笔不漏地记下账目，按时付清汽油费。

有一次，周恩来在外地接待外宾。任务完成后，他自己出钱请工作人员吃了一顿饭。付款时，饭店的会计只算了成本费。周恩来一看账单上的钱是个整数，就笑着说："饭钱怎么刚好是个整数，哪有这么巧？一定是少收钱了。"他要饭店的同志把每个菜的价钱开列出来，按饭店的售价补足了钱。

像这样的一根筷子、一份小菜、一包茶叶、一餐饭之类的小故事，还可以举出很多很多。一滴水可以见太阳，正是通过无数这些好像是平凡的小事，使我们更亲切地感受到周恩来同志无产阶级革命家的高贵品质。

李先念廉洁奉公二三事①

何立波

无产阶级革命家李先念一贯严于律己，勤俭朴素；他时刻关心人民疾苦，帮助群众解决生活困难；他严格要求子女，正确对待亲属要求，克己奉公，一心为党，堪称共产党员的楷模。

草鞋情结

李先念在革命战争的艰苦岁月里经常同下级干部吃住在一起，以便及时了解实情，掌握第一手材料。每到宿营地时，只要客观条件允许，他就亲自检查安排吃住，看望和慰问伤病员。

1933年6月，红四方面军转战川北，在旺苍县木门寺召开了著名的"木门军事会议"，决定扩军整编红军，将红十一师扩编为第三十军，余天云任军长，李先念任政委。红三十军浩浩荡荡开进了九龙场，厉兵秣马，准备在木门至黄猫垭一带消灭前来"围剿"红军的敌曾南夫部。地方苏维埃政府组织群众积极支援红军，运粮草、筑工事，为红军编草鞋。

一天，李先念来到鸽子庙，见十多个人正在编草鞋。其中一个小伙子编草鞋手脚麻利，编得又快又好，就亲切地问他："老乡，你叫什么名字？今年多大啦？"小伙子回答说："我叫余官章，今年

① 选自《党史文汇》2010年第5期。李先念（1909—1992），中国无产阶级革命家、军事家、政治家，中国共产党、中华人民共和国领导人。

22岁。"说罢，抬起头来，怯生生地望着眼前这位长官模样的红军。李先念的警卫员告诉他："这是我们的军政委李先念同志。"余官章马上站起来，叫了一声："首长！"李先念见他站起来，腿是瘸的，就关切地问他腿是怎么瘸的。余官章说："小时候腿上长了个毒疮，因为无钱医治而留下了残疾。"李先念很是同情，便经常去看他，教他唱红军歌谣。余官章见李政委这样平易近人，对他又格外关心，就回家找了些结实的旧布条，精心编了两双布筋草鞋送给李先念。李先念穿上很合脚，就夸赞余官章："你的手真巧！"

穿上余官章为他编的草鞋，李先念指挥了著名的黄猫垭战役和广昭战役，粉碎了国民党的"围剿"。戎马倥偬几十年，李先念始终没有忘记九龙场，没有忘记给他编草鞋的余官章。

1985年，旺苍县人民政府决定建立"木门军事会议陈列馆"，纪念那一段珍贵的历史。旺苍县委、县政府致函时任国家主席的李先念，恳请他为陈列馆题词。李先念欣然写下了"继承和发扬红军光荣传统，把革命老根据地建设好"。殷切的希望，寄托了李先念对老区人民的浓浓深情。1986年，李先念在北京接见南江县原县长郑友铭时，深情地回忆道："川北有个九龙场，那是个战略要地，我在那里打过仗。有个瘸子老乡给我打过两双布筋草鞋，我穿上它踏上了长征路。"1986年秋，郑友铭受李先念的委托，专程到旺苍县九龙乡看望了75岁的余官章老人，送去了共和国主席对这位普通老百姓的深情怀念。

1993年，在纪念红四方面军入川60周年之际，李先念的夫人林佳楣专程到当年的川陕革命根据地，寻访李先念战斗的足迹。在旺苍县"木门军事会议陈列馆"，林佳楣看到了一张草鞋床。陈列馆工作人员告诉她，那是60年前九龙场老百姓为红军编草鞋的工具，余官章就是用这张草鞋床为李先念编了两双布筋草鞋。林佳楣说，7年前李先念在接见南江县长时，还提到过这位老乡。当林佳楣了解到 82 岁的余官章老人依然健在时，就想专程去九龙场看望他。地方的同志告诉林佳楣，木门到九龙的公路正在扩建，路况不好，林佳楣感到很惋惜。回到招待所，林佳楣给余官章写了一封情深意切的信：“尊敬的老人家，感谢您在战争年代为革命作出的贡献，我们代表李先念同志，向您表示诚挚的问候，愿您健康长寿！”同时，还为余官章老人捎去茶叶、糕点。余官章一直珍藏着这封书信，他说，看到这封信，就像看到当年的李先念政委。

对待贪污腐败绝不手软

抗日战争时期，李先念曾先后担任鄂豫边区军事部长、边区党委书记，新四军第五师师长兼政委。他多次在部队和机关党员干部会上宣传毛泽东，用毛泽东在延安窑洞的小油灯下“一熬就是几个通宵，连饭端来了也顾不上吃”、“一支铅笔用得握不住还舍不得丢”、“思考问题时把灯芯拨得小小的”、“生活不搞特殊化，一只鸡让所有在家的首长分享”等勤俭节约、艰苦奋斗的故事教育大家。在一次抗大十分校的毕业会上，李先念指出：“革命军队的每一个军人，特别是干部和共产党员，要吃苦在先，享受在后；大众利益在先，个人利益在后。要与别人比革命工作的多少和艰苦性，不与别人计较享受的优劣，更不允许贪污腐化。”他要求党员、干部在艰难困苦的抗日斗争中一心为公，清正廉洁。

随着抗日战争的深入发展，鄂豫边区根据地逐步扩大，其机关职能部门也相应增多，随之而来的官僚主义作风和贪污腐化行为也表现出来。正如边区党委委员吴祖贻所列举的那样：人家摊派保甲经费，我们便也来一个“抗日月捐保甲摊派”；人家从上到下地奉行公事，我们便也处处靠命令来领导行政工作，不检查，不督促，以致自己机关的干部贪污腐化。

对于官僚主义和贪污腐化的危害性，鄂豫边区党委领导人是十分重视的。李先念、陈少敏、任质斌、王翰、吴祖贻、夏忠武等就曾多次在党政军机关会议上大讲特讲官僚主义的危害。边区党委领导人不仅要求党员干部克服官僚主义和反对贪污腐化，而且更重要的是他们处处严格要求自己。作为边区党委书记和新四军第五师师长的李先念，其表率作用更为突出。1942 年 12 月，在大悟山反"扫荡"的一次急行军中，由于风大雨疾，路窄泥泞，走在队伍前面的李先念突然摔倒在地上，参谋肖健章赶忙上前搀扶，李先念摆了摆手忙从地上爬起来，一边擦着身上的泥水，一边温和地对肖健章说："别管我，你把路带好点就行了。"李先念的一言一行，战士们听到耳里，看在眼中，不知不觉行军的步伐便加快了好多。李先念很关心战士，很关心百姓，极其注重搞好军民关系。一次，他的警卫员何小乐在大悟白果树湾给房东严大妈挑水，不小心把水桶给摔坏了。李先念急忙叫小何借来斧头、刨子和锯，一会儿工夫就把两只水桶修好了。他无论在什么情况下，从来不搞特殊化，处处与干部战士同甘共苦，深受全军将士的尊敬和爱戴。在第五师开展反贪污腐化活动中，他带头自我检查，并特别叮嘱他身边的干部，要带头做好表率。"贪污腐化是侮辱了自己的人格"，这是他经常与党员干部谈话时的口头禅。在他的言传身教下，第五师警卫团的全体官兵就表现得很突出。干部从没有敲诈百姓的事情发生，没有贪污腐化的现象。战士从没有拿过老百姓的一针一线。部队所到之处，与群众关系像鱼水一样，备受老百姓欢迎。

李先念顾全大局，团结同志，但又始终不渝地坚持原则，坚定不移地维护党的纪律的严肃性，毫不留情地惩治革命队伍中的腐败分子。1942 年 11 月，李先念亲自批准处决了第五师中的两名腐败分子。他通过这件事教育第五师的广大指战员：为使党能领导人民进行革命，得到人民真心实意的拥护，对于违纪犯法的人是不能宽容的，是要进行严厉的制裁的。"如果党的庞大的组织，没有铁的纪律，你们想想，它怎么能有强大的战斗力，怎么能领导对敌作战获取胜利？"这件事情发生后，李先念还经常告诫大家，绝对不能自高自大，自夸其功，千万不要以自己的功绩来对抗党的纪律和军纪，否则就无进取的力量，就无前途。

"我是国家的副总理，不是红安的副总理"

老同志们回忆说，李先念从不讲究吃穿，新中国成立后始终保持艰苦朴素的生活作风。新中国成立后，他在湖北工作期间，生活条件改善了，早饭常常是一碗稀饭，一个馒头，一碟咸菜，中晚餐也不过是一荤一素一个汤，顶多再加个小碟子；当留客人吃饭时，也不加菜，只是数量多一点。对此，李先念常常说："比起过去的生活已经是天堂了。""个人生活太奢侈了，会丧失贫下中农的感情。"就是在担任了国家主席后，他招待客人也是规定四菜一汤，粗茶淡饭，根本不喝酒。出差到外地，他也从不接受地方的招待。李先念常教育地方的同志说："每个同志，特别是党员，要充分认识到自己的人格和道德是宝贵的。我们的人格道德和封建的资本主义的人格道德是完全不同的，因为封建的和资本主义的人格道德是虚伪的，我们的人格道德是实际的，处处以党的利益为最高准则。特别是在单独活动时，千万不能丧失自己的人格道德，要绝对尊重自己的人格，不破坏党的利益，不同流合污。"

1960年10月，时任国务院副总理兼财政部长的李先念率中央有关部门的负责同志，经河南南下，来到故乡红安视察。这是新中国成立后李先念第二次回故乡。回故乡本来是值得高兴的事，但李先念此时的心情显得格外沉重，满脸的威严。原来，当时正处于三年自然灾害最困难的时期，许多省市粮食告急，还有饿死人的现象。加之一些地方"共产风、浮夸风、强迫命令风、生产瞎指挥风和干部特殊化风"严重，使本来就很困难的局面雪上加霜，变得更为严峻。很长一段时间，李先念几乎每天早晨所做的第一件事就是批阅各地上报中央的粮食报表。此次南行，他肩负着党中央、毛主席交给的纠"五风"的重大使命。途经河南信阳地区，他见许多群众的鞋子上套了一层用来表示哀悼死者的白纱布，难过得流下了眼泪。

到达红安后，李先念一下车就问县委书记张景田，红安的灾情如何？群众生活安排得怎么样？有没有饿死人？张景田如实作了汇报。与农村基层干部座谈时，李先念毫不留情地批评一些地方干部搞特殊，把干群关系搞得十分紧张。他说："我们有些同志过去打天下时很聪明，懂得要紧紧依靠群众和怎样依靠群众，现在搞建设却糊涂了，忘了本，群众饿肚子也麻木不仁，这哪里像是共产党的干部？群众有怨气是对的嘛，骂娘也活该！现在看一个干部是否合格，首先要看他的群众观念如何，是不是与群众同甘共苦，团结一致，克服困难。对官僚主义严重，搞浮夸，不关心群众疾苦，只顾自己享受的人，要坚决撤下来，不然，留在那个位置上会害死人的！"讲到自力更生、生产自救时，李先念指出，红安荒地多得很，要发动群众多种瓜菜，房前屋后都可以种，以瓜代粮。这时，随行人员介绍，"瓜菜代"是李副总理首先提出来的，毛主席、周总理都认为是个好办法，中央已发了文件，要求全国推广。李先念说："这也是逼出来的。全国几亿人口要吃饭，粮食就那么多，不想些办法怎么行？"他要求全县各级干部深入实际，开动脑筋想办法，扎扎实实地做好工作，与广大群众共渡难关。

当天夜晚，红安县委派人将李先念的姐姐李德琴和侄儿陈锡民接到县城。李先念单独与姐姐、侄儿进行了近两个小时的交谈。"你们说说看，县里有没有饿死人？"李先念严肃地问。陈锡民回答："我们湾里没有，整个高桥区的情况也还好，但二程区和其他一些地方死了一些人，还有许多人得了水肿病。"李先念说："那是缺营养，搞点黄豆吃，症状就能减轻。"李德琴插话："田地干得发裂，哪里还长黄豆哟！""这是个问题！"李先念说完，又换了一个话题："干部作风怎么样？""绝大多数还好，与群众一起劳动，帮助群众解决生活上的困难。也有个别人差些，喜欢吹牛，老想占群众的便宜。"陈锡民说的是实话。"生产上的事情，社员能不能做主？""前几年还不行，今年有较大转变，基本上可以做主。""准不准搞副业，比如说养鸡养鸭？"李德琴直言相告："社员连粥都喝不饱，哪里能养这些东西！"她喝了口水，接着说，"先念啊，你做了这么大的官，红安缺粮，你也不管管？！"李先念严肃地说："我的姐姐哟，你不要讲蛮话，红安人要吃饭，黑安人也要吃饭啊！全国这么大，到处缺粮吃，都像你们这样伸手，我李先念有天大的本事也招架不了，你就不能为我想一想？"

姐姐李德琴和侄儿陈锡民低头不语，李先念严肃地说："当然我手里并不是完全没有粮食，也不是没权力调拨，我是国家的副总理，不是红安的副总理，红安缺粮，只能由省里调剂解决，我个人无权给红安拨粮。"分别时，他要姐姐和侄儿回去后代问乡亲们好，告诉大家要体谅国家的困难，不能只想到向上伸手，要自力更生，在参加集体生产之余，可以搞点副业。没有粮食，鸡鸭也不是完全不能养。山上有的是虫子，河里塘里也有鱼虾，让鸡上山，鸭下塘，照样可以长肉下蛋。

这次回家，李先念了解到的情况与红安县委汇报的差不多。事后，李先念对随行人员说："红安县委还是实事求是的。"由于要赶往省里作反"五风"的报告，李先念这次回乡只在县里停留了一天。为了防止县里在伙食上给他搞特殊，他亲自向县委负责人嘱咐"三不准"：不准炒荤菜，不准煮米饭，不准搞酒喝。从来到走共吃了四餐饭，李先念同随行人员一样，吃的是荞麦粑和青菜炒豆渣。

高風亮節
先照千秋

李先念

一九八三年三月廿七日

张云逸的廉政风范[①]

张广华

"你就说我爸爸失踪了……"

1954 年秋天，张云逸由青岛来北京安家后，工作人员劝张老让他小儿子光东到条件较好的"八一小学"去读书，说那里教学、伙食等条件比较好。

张云逸却不以为然地说："那么多干部子女集在一起，有好处也有坏处；清朝的八旗子弟，许多人只知吃喝玩乐，什么事也不能干。我们干部子女要自己去奋斗，可不能变为八旗子弟啊！"

他越说越激动："附近就有北池子小学，为什么要舍近求远呢？让光东多交一些劳动人民子弟的朋友，增加劳动人民的感情，这对他成长大有好处嘛！"

说到这里，张云逸还把光东叫到身边交代说："你到北池子小学读书填表时，只填你妈妈的名字，不要填我的名字了。"

光东为难地说："如果人家问我爸爸是谁，在哪里工作呢？"

"那好办嘛！你就说我爸爸失踪了……"张云逸幽默地说。

1959 年秋天，光东以优异成绩考取了北京第四中学，后来又考取哈军工。

张云逸二孙子小强，中学毕业后被分配到军垦农场劳动。张云

---

① 选自《生活中的老一代革命家》，中央文献出版社 2008 年 1 月版。张云逸（1892—1974），中国无产阶级革命家、军事家。

逸高兴地说："我们家里又有了一个农民，很好，我也是农家子弟嘛！我的孙子当了农民，还是劳动人民嘛！"

尊重宾客　平等待人

1958 年夏的一天，警卫人员报告说，有一位客人来看望张老。张云逸问警卫认识不认识这位来客，请人家进来没有？警卫说，还在大门外等着。

张云逸批评说："这样做不好，不管谁来，那是人家看得起我们，都应先请进大门里来，热情相待，把人家堵在门外多不礼貌。"

一天，有一个农民突然推开张云逸家的大门走了进来。警卫看到，一把将那个农民推了出去。当时张云逸正在院子里散步，就严肃地批评说："你们不要忘记，你们也是从农村来的。他走错了，你们应该热情帮助，不能那样一下子猛推出去，这样做很不好嘛！"他继续说，"不要看我是个领导干部，我也是从农村来的。我们干革命为了什么？还不是为了人民，为了人民的解放和过上幸福的生活。"

有一次，张云逸要外出，要他大孙子告诉司机王宝禄叔叔准备出车。他的孙子走出门外大声喊道："王宝禄、王宝禄，我爷爷要出去，快准备出车！"

张云逸听到喊声，大步跨出门外，抓住孙子的小手大声斥责说："让你请王叔叔出车，你为什么大声喊叫王叔叔的名字。王叔叔同你爸爸妈妈是一代人呀。去向王叔叔道歉，赔不是。"

张云逸的孙子只有六七岁，经他这样大声批评，吓得哭了起来。工作人员拉着他到王宝禄面前道了歉，才算平息了这场小小的风波。

"为什么你们总是不从国家利益考虑呀?"

南池子 18 号，原是清朝一个太监的住宅，西侧紧挨护城河，与劳动人民文化宫隔河相望。在院内有一株特大柳树，掩映着几间普通平房，由于年久失修，呈现出一派破旧景象。一天在大柳树下纳凉时，工作人员趁机向张云逸建议："张老，房子破旧成这个样子，也该请营房部门来维修一下了。"

"你这个意见早有人提出了，破旧一点有什么关系，比工人、农民兄弟住的条件好多啦！为什么花公家许多钱去维修呢？国家经济还比较困难嘛！"

工作人员见修房子他不同意，便指着门窗说："门窗有的已坏了，油漆也光了，也该让人来整修一下吧！还有那沙发，不但破旧得厉害，沙发套子也坏得不成样子，该换换吧?"

张逸云立即拒绝说："门窗还可以使用，沙发也可以使用，窗帘、沙发套子破了，我们可以自己买布换一下。为什么你们总是不从国家利益去考虑呀？"他的衣服多是缝补过的旧服装，只是在外出时才穿上比较好的衣服。他使用的一个公文包，还是抗日战争中的战利品。他每餐是两菜一汤，且多是素菜。一个新调来的警卫班战士看到后，惊奇地对我说："首长吃得怎么这样简单呀！"

张云逸对自己和家人的生活如此节俭，对战友、对身边工作人员却很慷慨。逢年过节，总要把身边工作人员请来聚餐。有些烈士子女生活困难，一次就寄去二三百元；工作人员家属来北京，他都要请到家里吃一顿饭，临走时还要送钱、送东西。

根据当时国家有关制度规定，张云逸外出可乘"公务车"，就是在一列火车上单挂一节车厢，车厢里有办公桌、床铺，设备条件较好。可是他外出工作时，总是不让工作人员要这种"公务车"，说"就我们几个人，坐了一节车太浪费"。有一次警卫人员说："坐公务车是国家规定的，对首长来说也比较安全。"他一听很不高兴地说："买一个软席包厢不是很好嘛，与群众在一起有什么不安全的啊！"

"我不是来游山玩水的啊！"

张云逸晚年仍担任着中共中央委员、全国人大常委会委员、国防委员会委员和中央监察委员会副书记等职务，平时的工作活动还是十分频繁。他时常是抱病出席会议，他曾多次对身边工作人员说："有许多政策法令，政务院、人大常委会讨论通过后就执行，通过时又必须有足够的法定人数，我是共产党员，什么时候都应把工作放在第一位，个人身体有点病是小事，国家的大事怎么能耽误呢？"

有次开完会回来，他发烧咳嗽，血压升得很高，不得不住进北京医院。

张云逸不顾年老体弱，每年都要到各地检查和视察工作。广西、山东是他常去的地方；广东、安徽、上海及北京，他也去视察过工作。

一次，张云逸到达济南。当天下午，省委统战部马保三部长陪同他到大明湖游玩，四面荷花三面柳的景色未能引起他多大的情趣，在返回住处的路上，马保三说："明天，我们去千佛山、趵突泉看看。早饭后我就来接你。"

张云逸一听连连摆手："我是来工作的，我不是来游山玩水的啊！"

他在济南每天工作 10 小时以上，听取汇报，视察医院、食品公司以及郊区的农业合作社。每到一处都要召开基层干部和群众代表参加的座谈会。

此时，人大常委会给他转来一封群众来信。写信人是解放军某部一名连队干部，来信反映他的家乡山东文登小屯村一位村干部，因为土地改革时的一些问题，对他的父亲于同海进行打击报复，要求人大常委会调查处理。张云逸由济南来到青岛。视察工作结束后，对青岛市委书记滕景禄说："我还要到文登县小屯村去一趟，调查了解一下一个军人家属被打击报复的问题。"

滕书记劝阻说："现在气候很冷，您就别去了，让张秘书去调查处理就可以了，我们还有些工作要向您汇报呢？"

张云逸勉强同意了。

张秘书到文登县后，文登的于县长、范副县长讲了此事的前后经过和准备处理的意见。张秘书觉得问题已经解决了，就返回青岛向张云逸汇报。他听得很认真，听完之后问张秘书："你到小屯村去看过于同海老人了吗？"

"没有。小屯村离县城还有30里左右，我看县里已准备解决了，就没到村里去。"

"这个工作没有做到家嘛！这样吧！我再去一次，看看文登县的情况，也看望一下于同海老人。"

12月下旬，张云逸来到文登县小屯村。

在大雪纷飞中，他和围上来的群众一一握手寒暄后，亲切地询问于同海家中的情况。有一位青年农民抢着说："于同海是我们村的军属，贫农家庭，可是现在生活还是很困难哩！"

"你们谁带我到于同海老人家去看看？"张云逸说后，村民们发出一阵掌声，大伙一起领着张云逸来到于同海家里。

于同海得到张云逸专程来这里了解处理他受打击报复问题的消息后，感动得泪流满面，就要叩头致谢。张云逸连忙拦住说："我受人民政府的委托，作为人民代表，到这里来了解并解决你的问题，是我应尽的责任。不必谢我，要谢就谢党和人民政府吧！"

与此同时，莱阳地委的同志找了那位村干部谈话，指出他打击报复于同海老人是不能允许的，应公开检讨、承认错误，并在经济上赔偿于同海的损失。

在村里召开的群众座谈会上，张云逸在听取群众对政府工作和地方干部的批评意见后，他强调指出："我们各级人民政府都是为人民服务的，一切干部都是人民的勤务员，只应该全心全意为人民办好事，解决群众的实际困难，而绝不能以权压人，从私利出发；对群众打击报复更是党纪国法不能允许的。"他的话引起了群众的热烈掌声。那位犯错误的干部也检讨了自己的错误，请求政府给予应有的处分。

傍晚，张云逸又赶到文登县向县里负责同志讲了调查了解的情况，并提出认真处理的意见。

"人民永远不会忘记他们的"

1957 年夏天，有位老李同志由安徽省来北京看望张云逸。他曾是新四军淮南地区一支游击队的队长，多次配合新四军二师打击日伪军和国民党顽固派，在一次攻打定远城战斗中受伤致残。

两位老人见面后十分激动，热烈畅叙过去淮南地区的战斗历程和革命情谊。晚饭后，老李要返回招待所，张云逸说："不要回去了，就住在我这里。许许多多优秀的同志为革命事业牺牲了，我们这些幸存者能看到新中国的成立、祖国人民的彻底解放，实在不容易啊！让张秘书陪你好好看看北京。"

按照张云逸的意见，张秘书陪老李到故宫、颐和园、北海、天坛等名胜地方游览了 3 天。

　　老李要回安徽，张云逸让管理员买了不少食品、日用品相赠，并给了他 150 元钱。老李热泪盈眶地说："首长，我这个老兵只有向您表示深切的感谢了。"

　　1961 年清明节前夕，张云逸来到南宁，他要到东兰去给韦拔群烈士扫墓。清明节这天，张云逸来到韦拔群墓前，和各界代表一起献花默哀。然后他深情地讲起与韦拔群相处的情形："那是 1930 年 11 月，红七军即将北上，韦拔群奉命回东兰坚持右江革命根据地的斗争，我送他 20 多里，他又回送我 10 多里，情深难别啊！"

　　"当时我已预料到，在红七军北上之后，敌人会对右江根据地进行残酷的'围剿'。我们边走边说，互相有许多话要说呀！可是部队马上要出发了，不得不分手。谁知这竟是我们的诀别啊！"说到这里，张云逸和在场的同志都流下了热泪。张逸云大声说："人民永远不会忘记他们的！"

"你还是学农好"

　　北京农业科学研究院有位先后得到省部级 6 项科技成果奖、国家级有突出贡献的中青年科学家，名叫汪定淮，他是张秘书的内弟。本来他与张云逸素不相识，可是他的成长，却与张云逸有密切关系。

　　那是 1956 年冬的一天，张秘书在院内散步沉思，张云逸见到连忙问道："你在想什么，是不是生活中遇到了什么困难？"

　　"我的内弟汪定淮从武汉来信说，想到北京来复习考大学，可是来北京住的问题不好解决啊！"张秘书嗫嚅着说。

　　张云逸笑呵呵地说："这有什么为难的，来北京就住在我这里，你不用犯愁。"

　　汪定淮很快来到北京，和警卫班战士住在了一起。

张云逸见到汪定淮认真复习、勤奋好学，心中非常喜悦。有一天，张云逸问汪定淮："小伙子，你准备报考什么科啊？"

"初步想考航空学院，学习航空器构造。您说我学什么好？"

张云逸却先向汪定淮问道："你对航空工业兴趣大吗，还对什么有兴趣？"

"很难说对什么兴趣特大，学习理工科其他方面知识都可以。"

"你懂得种田吗？"

"我自幼在县城长大，不懂种田，不过我可以学。"

听了这些回答后，张云逸诚恳地说："要我说，你还是学农好。我们国家工业落后，农业也落后，但农业人口占绝大多数，农业方面更需要人才。农业发展了，不但可以为大多数人谋利益，也可推动工业发展嘛！"

听了之后，汪定淮认真思考了一下说："张老，我听您的话，决定第一志愿就报考北京农业大学。"

在张云逸的支持和鼓励下，汪定淮1957年夏天以优异的成绩考取了北京农业大学。在上大学的4年时间里，汪定淮时常到南池子来，向张云逸汇报学习及下乡情况。两人成了忘年之交。

汪定淮为张云逸找来优良葡萄品种栽在院内。张云逸见到一串串又圆又大的葡萄，脸上挂满了欣喜的笑容。

"真是走错了门，认错了人"

"文化大革命"爆发了，在那场史无前例的内乱中，不是处在党和政府工作第一线的张云逸，也受到了莫名其妙的冲击，经受了一些难以置信的磨难。中央监委的某些造反派头头，勒令他交代与刘少奇、邓小平的"关系"。几十个人冲进大院，又喊口号，又贴大字报。

　　面对造反派头头的胡言乱语，张云逸被激怒了，他义正词严地讲了当年与邓小平共同领导百色起义、创建红七军，讲了和刘少奇在新四军共同指挥作战的历历往事，然后掷地有声地说："这就是我与刘少奇、邓小平同志在历史上的关系，也就是我与他们无法划清的界限！"

　　那些人溜走之后，张云逸愤慨地说："让我乘人之危，往少奇、小平身上泼脏水，真是走错了门，认错了人！"

　　居住在南河沿的袁任远被造反派抄了家，还把袁老带走了。袁任远家人给张云逸写了一封求援信，从门缝中投了进来。张云逸看了信沉重地说："真不像话，袁任远我了解，他有什么问题？为什么要把他抓去？简直乱套了嘛！"

　　他拨通了中央监委书记、国家副主席董必武的电话："董副主席，袁任远被造反派抓去了，家人向我求援，我只好向你报告了，请您赶快向周总理说说，他现在说话还有用啊！"

　　在张云逸多方努力下，袁任远很快被放回来了。

　　有一天，他问起工作人员："王兴纲很长时间没有来，不知怎么回事？"

　　工作人员说："王副主任被打成叛徒，正在锅炉房劳动改造呢。"张云逸连连用手中的拐杖击地："我了解王兴纲，早年在国民党商震部队做地下工作，后来在新四军任联络科长，专门做敌军工作的，为人正派坦率，工作积极负责，历史上没有问题，根本不存在什么叛徒问题嘛！"他犹有感触地继续说，"大革命时期，我也做过地下工作，在张发奎部队当过参谋处长、师参谋长，那是党组织让我干的，难道我也是叛徒吗？"

　　张云逸要工作人员与他一起去看看王兴纲。工作人员劝阻说："组织上已经宣布他有历史问题，我们就不要再去了吧！去了有些事就更讲不清楚了。"在几个工作人员地劝阻下，他看望王兴纲的意愿一直未能实现。

"老百姓说你是清官"①

——胡耀邦的故事

萧　山

1989 年 4 月 15 日这一天，我们几位"流落"海口的文艺界朋友习惯地小聚，大家七手八脚，各显手艺，顷刻间摆了一桌的南味北菜，杯中斟满了殷红的美酒，各自落座，正欲开怀畅饮，电视机传出的一阵低沉的哀乐锁住了我们的心。尽管屏幕上出现了胡耀邦同志的遗像，可人们难以相信这残酷的现实。

屋内一片寂静，扎心的噩耗荡尽了小聚的兴致。谁也不说话，似乎是在品味着讣告的每个词，每句话。

耀邦同志嵌着黑框的遗像在哀乐声中缓缓落下，我的心呀像是被碾碎了一般。耀邦同志，您怎么会这样急速地悄悄起程呢？在人民的心中您永远那么开朗大度，那么意气赳赳、充满信心。可是，您去了……

4 月 15 日，我们共和国的史页该怎样记载这一天呢？

……

朋友们在谈论着他，那含泪的声音，仿佛离我很远、很远，我完全沉浸在对一件难以忘怀的往事的追忆之中……

1979 年春天，我为红四方面军的一位老叔叔落实政策问题在北京东奔西跑。国务院、中纪委、总政、总参……不知跑了多少

---

① 选自《一身正气，两袖清风》，湖南人民出版社 1989 年 6 月版。

高门深院，接待的同志都很热情，但问题却迟迟没有着落，眼瞅着两个月过去了，我心急如焚，在京的伯伯、叔叔看着焦虑不堪的我，十分同情，他们给我出点子，鼓励我去找耀邦同志。当时耀邦同志正顶着"凡是派"的压力，大刀阔斧地纠正冤假错案，在中央首长中他是最忙、最累的，但他精力充沛，敢作敢为，凡事一抓到底，在那个扯皮成风的年代里，他几乎成了含冤受害者的希望。

在一位叔叔的指点下，我走进了那个四合院，小院不大，好像还住着另外的人家，这在中央领导同志中也是不多见的。大概是秘书和工作人员的疏忽，我竟然毫无阻拦地走进了一个宽阔的朝阳南屋。屋内，一个会客厅占去了一大半，会客厅很朴素，几张老式沙发围成一圈，靠东面是一扇半拉着的紫红布帘，帘内有一张宽大的写字台，耀邦同志正站在写字台前，用惊讶的目光打量着我这个陌生的小青年。他比电视上见到的样子要老一些，立在较暗的光线中显得格外的瘦小，头发有些纷乱，一双眼睛布满了血丝，好似都无力睁开。

片刻，他问我："你找谁？"声音沙哑，不像电视广播中那么昂奋。此刻，他给我的印象就是个疲惫不堪的老人。

我一时不知所措，吭吭哧哧地说："我、我是替一位老人上访的……"

他没容我说完，用手打断了我的话，无力地说："我工作了一夜了，太累了，我要休息了。"

我急切地说："我就说10分钟。"

他不容商量地挥了挥手："你去找有关部门吧，他们解决不了会向我报告的。"说完准备往里屋走，我急啦，想到两个月的辛劳、碰壁，一种委屈使我失控地脱口而出："都说你最公平，不过如此。"我赌气地提起装材料的黄书包，头也不回地走出屋去。跨出门槛，走在小街上，我脑中空空荡荡，双腿像灌了铅似的沉重。此次进京的信心，几乎完全破灭了。

不知走了多远，一位年轻的同志追上了我，客气地说："同志，等一等，我是耀邦同志处的工作人员，耀邦同志要我来问你，你准备了材料没有，要是准备了请留下来。"我不假思索地将书包塞给了他。说实在的，我不知送了多少材料，全然毫无下文，这回又留下材料，但并没抱有希望。

一个星期又过去了，我完全失望了，打点行装，准备返回，就在要起程的那天早晨，两位陌生的同志出现在我的门前。他们是中央组织部的工作人员，非常热情地对我说："耀邦同志请我们代表他来看望你，并一再叮嘱我们向你道歉，那天他工作了一夜，太疲劳了，没能亲自听你的反映，请你原谅……"

这平静的话儿，犹如一股暖流涌遍了我的全身，多少天来积压在心中的委屈泪水，泉一般地流了出来……

事情过去了整整四年，1984 年春天，在人民大会堂福建厅，耀邦同志接见完外宾后，来到了我们这些参加全国中青年作家座谈会代表中间。大家拥上前去，将他团团围住，他是党中央的总书记，可大伙没有一个称呼他的官衔，都亲切地叫他"耀邦同志"。他像个和气的长者，挨个地问着每个人的名字、作品。问到我时，我抢着空子讲起了那次会面情形，他笑了，摇摇头说："不记得了。"转而又问我："那位老同志的问题解决了吗？"我感激地点点头，不知是谁说了句："耀邦同志，要是没有您的过问，也许至今他还在上访呢，所以老百姓都说您是清官。"他挥了挥手说："共产党人应该是立法守法执法的模范，我们国家更需要法治，而不是清官治国。靠某人过问才得到解决那本该早已解决的问题，是不正常的，不值得称赞。"

耀邦同志在我们中间仅停留了 24 分钟，由于大伙太不守规矩，原先安排好的合影都没能实现。为此，大伙都互相抱怨。

　　小聚的佳肴凉了，杯中美丽的液体好似凝固了一般，小小的方桌权当是我们深情的祭坛吧……

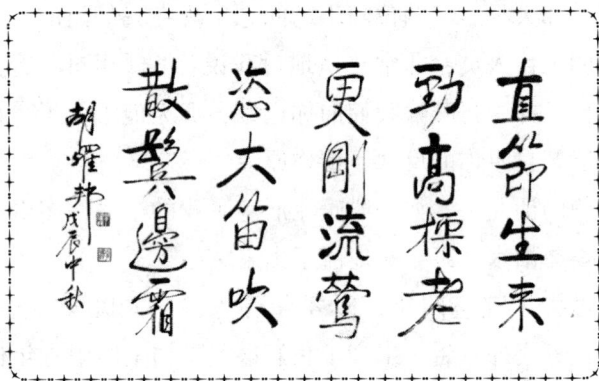

直节生来
劲高标老
更刚流莺
恣大笛吹
散髪邊霜

胡耀邦　戊辰中秋

平民本色

刘少奇的平民本色[①]

张胜璋

刘少奇是深受中国人民敬仰的卓越领导人之一，有人说他是位"平民主席"，因为他时时刻刻把自己与普通老百姓紧紧相连。

一

安源大罢工胜利后，刘少奇任路矿工人俱乐部主任。当时，俱乐部的工作人员不分职务，月薪都是 15 块钱。刘少奇工作非常紧张，为了一万多工人的生存，他常常通宵达旦工作。工作时间长，烟也吸得多，有时烟盒空了，钱也没了，但他从不要求提早领薪，只是熬着不吸，实在挺不住时，就用纸卷着烟头吸，所以平常在家里吸剩的烟头从不随意丢掉。刘少奇的警卫员张明生看他这般艰苦，有一次提前给他领了薪。刘少奇一看日历便问："这是哪来的钱？"张明生说："看你的烟没了……"刘少奇没等他说完，坚持说："薪金发放的时间是主任团定的，我们大家都要遵守，要不，

---

① 选自《生活中的老一代革命家》，中央文献出版社 2008 年 1 月版。

当家的怎么办？你看，我不还在一样地吸烟吗？"

刘少奇穿得非常朴素，一件蓝竹布长褂子，外出回来便脱掉，换上大青布便服，连扣子都是布的。冬天，一件长得拖地的老式旧大衣，袖子很肥，被大家戏称为"唱戏的旧龙袍"。皮鞋的后跟底缺了半边，一项日本式鱼鳞帽子，旁边还有个洞，一双袜子，外表看还挺厚，可以保暖，晚上脱掉后就是光有筒子，袜底早磨烂了。平时，刘少奇有什么东西穿烂了，张明生便要拿去给家属补，刘少奇总是说："行了，不要麻烦人家，不冷就行，多考虑一下工作吧！"

刘少奇不爱麻烦人，有时回来迟了，大家吃光了菜。但他从不叫厨师再炒菜做饭，总是用开水泡饭吃。张明生心里不好过：主任每天工作到半夜，身体又不太好，有时还吐血，生活这么苦，怎么行呢？因此，每次总想搞点热的东西。刘少奇拦着说："现在我们生活不是很好吗？伙食钱虽少些，可要考虑到大家啊！不要为我一个人去麻烦厨师，弄得他们得不到休息。"

厨师见刘少奇身体不好，又不让专为他做点菜，往往打好一碗鸡蛋汤热在瓮坛盖上，等刘少奇回来吃，但刘少奇不肯，硬要留给大家下餐吃。

二

中央红军到了陕北后，党中央驻在瓦窑堡的温家院。刘少奇住的一孔窑是办公室也是卧室。窑里的设备极其简单：一个土炕（炕上一个草垫，一条毯子，一床薄被），地上一张旧桌子、一把靠背椅。他的桌上总堆满了各种各样的书籍、文件，桌面放不下了，就堆上了炕头和枕边。另外靠墙处放上几条长板凳，用以开会或接待客人。

陕北高原一到冬天，大雪飞扬，寒风刺骨，千里冰封。刘少奇的窑里就添了个木炭火盆，火旁边放着一把铜水壶，这样就可以自己烧开水了。办公到夜深时，刘少奇的手脚都冻僵了，就在炭炉上烤烤，搓搓手，跺跺脚，再继续工作。刘少奇工作繁重艰苦，组织上要给他一些照顾，他坚决谢绝了。大寒天外出，他戴一顶鸭舌帽，穿着和勤务员一样的蓝布薄棉衣，唯一比大家多了件旧黑呢大衣。为了抗寒气，他索性把大衣领翻起来，双手插在衣兜里，疾步前进。平时，刘少奇和大伙一起在大灶上吃饭——小米饭、洋芋和萝卜大锅菜。组织上怕他弄坏了身体，照顾了些白面或一点肉食，他不肯接受，执意要和大家同甘共苦。

三

1942年，刘少奇到山东，住在东海朱矶村一一五师师部。当时，山东地区在日寇的残酷"扫荡"和国民党反动派经济封锁的同时，又发生了严重旱灾，条件极为艰苦。师部住在几家地主的房子里，刘少奇就住一个正厅，两块门板一拼，就是床，包了几件衣服的包袱往床头一摆，就是枕头。

由于经济困难，大家吃的都是杂粮，有的同志不习惯，刘少奇笑着跟大家解释："小米比大米好，杂粮营养多，我吃着就很有味道。"大家常吃高粱米，吃的是啥样，拉的还是啥样，不消化。有时用地瓜干放在高粱米中熬粥，因为两个都是硬东西，总是熬不烂，嚼得腮帮酸痛。没有油，也没有菜，大伙把摘来的野菜用开水烫熟，放点盐一拌，用来送饭。刘少奇从来不肯加小灶，炊事员时常向大伙诉苦："给胡政委（当时刘少奇化名胡服）做饭真难，他本来吃得就少，又有胃病，有时给他多炒个菜，他就不同意。看他那么忙，吃得又那么少，那么不好，我真担心他身体垮下去。"有一次，分局送刘少奇一袋面粉和十多斤肉，他都给同志们改善生活了。同志们坚决不肯要，刘少奇说："你们比我更需要，我在北方住久了，吃得惯杂粮。"推来推去，大家只得收下，吃着那顿饺子，许多同志热泪盈眶。

在一盏昏暗的油灯下，刘少奇常工作到二三更。在厦庄时，刘少奇住的是老乡的房子，靠窗处正好有个石磨。房东经常在半夜三更起来推磨。工作人员想建议房东改换个推磨的时间，刘少奇劝阻了，说："你们不让老百姓吃饭还行吗？"他总是首先想到老百姓的方便。

不久，党中央调刘少奇回延安，同行的还有100多名干部。由于日夜急行军，生活比较艰苦，好些同志都生了肠胃病，肚子痛，泻得厉害。刘少奇决定把华中局特为他准备的一些药品拿去给病人服用。工作人员心里有顾虑，那时药品很紧张，根据地里不能制造药品，华中局特地从敌伪占据的上海设法搞到这一点药品，准备刘少奇在路上服用，在当时的环境下，这点简单的药，是很宝贵的。工作人员向刘少奇提出："到延安路途很遥远，你的肠胃又不好，万一在半路上病了，找不到适合的药品，怎么办？"刘少奇听了，随即真切地告诫他们说："这些药眼前就摆在这里，可是，你们却要留给将来可能病的人去用。药，本来是给病人吃的，不应该眼看着有病的人不给吃，而给没有病的人准备着。药本来就是治病的嘛！凡是参加革命的人，任何一个人都是革命大家庭的一员，病了应该吃药，我们应该设法找药给他们吃。"刘少奇的一席话，说得工作人员既感动又惭愧。

四

新中国成立后，刘少奇依然过着俭朴的生活。1952年以前，刘少奇住的是一幢旧式房子，共有3间，一间是办公室，一间是会客室，一间是卧室。因年久失修，都已十分破旧。后来，管理部门给刘少奇调了好一点的房子，但孩子们还是住集体宿舍。他的办公室仍然简单：办公桌、书架、文件柜、一对沙发、一把藤椅，没有地毯，更看不到什么可供欣赏之类的摆设。

身为国家副主席的刘少奇在生活上对自己和家人是低标准的。他在家总穿一身蓝色或灰色的斜纹布衣服，一件内衣补了六七处补丁还穿在身上，一双毛皮鞋整整穿了6年，还舍不得扔掉。吃饭也简单，尤其是夜间那顿饭，常常是把中午剩下的（有意多做一点）来个一锅烩，因为用饭时间都是在半夜12点以后，为了照顾厨师休息，刘少奇就叫夫人王光美做这顿饭。

1958年，刘少奇的三个孩子正在读小学，他们一律都住校。三年困难时期，粮食紧张，副食品奇缺，学校的伙食比较差，细粮少，粗粮多，还要搭配吃些白薯干什么的，有时只能吃上八成饱。看着孩子们的脸色越来越不好，工作人员就劝王光美把孩子接回家住，刘少奇说："人民吃不饱，我是有责任的，咱们的孩子也应该和全国人民同甘共苦。让他们尝尝吃不饱的滋味也有好处，等到他们为人民办事的时候，将会更好地总结经验教训，关心人民的生活。"就这样，几个孩子一直住在学校。

刘少奇几乎天天熬夜工作，身边的工作人员怕他吃不消，几次提出改善生活，都被他拒绝。每次下基层，刘少奇总事先要求随从人员一定要轻装简从，像过去打游击一样，自带铺盖，自带碗筷。原来派了轿车，但刘少奇坚持要坐吉普车。有一次到外地视察，恰逢他的生日，随行人员就悄悄告诉食堂多做几个菜，哪知刘少奇一来饭桌，马上就问道："这么多菜，是怎么回事？"大家只好老老实实地回答。那一次，刘少奇狠狠地批评了大家，多上的菜马上撤了下去，他说吃饭一菜一汤就行。

彭德怀的衣食住行①

应 秋

彭德怀在中国革命的伟大斗争中，从一个普通农民，成长为党、国家和军队的杰出领导人。他从没有因自己的功劳、地位而凌驾于党和人民之上，搞特殊化，而是始终保持着劳动人民的本色，艰苦朴素，清正廉洁，这在党的历史上是有名的。他虽然蒙受不白之冤含恨离世已经多年了，但他的克勤克俭、艰苦奋斗的生活作风，至今仍是我们学习的楷模。

衣——他总喜欢穿补的、旧的，很少买新的

彭老总的节俭习惯是从小就养成的。参加革命之后，他更加严格要求自己。在战争年代，彭老总常有"换鞋难"、"换衣难"的故事发生。

一天晚上，警卫员趁彭老总睡觉，悄悄地用手量了一下彭老总穿鞋的尺码。次日早，他跑到管理科，给彭老总领了一双崭新的黑帮白底布鞋，嘴里自言自语说："夏天你说穿破鞋不存泥水，现在看你怎么说。"

当警卫员把鞋送给彭老总时，他坚持不换，并耐心地说："战士们在冰天雪地里练兵，有的还没有鞋换，我的鞋还可以穿嘛，为什么要换？去，把鞋退回去。"彭老总看警卫员眼泪都快流下来了，

---

① 选自《生活中的老一代革命家》，中央文献出版社 2008 年 1 月版。

又安慰他说："这样吧，今天晚上麻烦你把鞋再补一补，只要不漏风，脚冻不坏就行了嘛。"警卫员只好服从命令，又把这双新鞋退给了管理科。

新中国成立后，条件好了，但彭老总仍然保持着"换衣难"的习惯。平时上班，彭老总穿的是军装，下班后换上中山装便服和布鞋。只有参加外事活动时，他才不得不按有关部门的规定，穿上礼服和皮鞋，回来后马上脱下来保存好。

1957年，彭老总出国访问前，有关部门按规定给他发了服装费。在他身边工作的孟云增见他总穿着破旧的衣服，就建议他多做两件衣服。彭老总听后，生气地说："不花自己的钱，你们就是不知道心疼！"孟云增还想申辩，只见彭老总态度十分坚决，只好把要说的话咽了回去。

彭老总的夫人浦安修见此情景实在不忍心，就悄悄地去了王府井百货大楼，自己掏钱买了一件毛衣回来。到了晚上，浦安修把她买的毛衣拿了出来，让彭老总穿穿试试。不料毛衣太瘦了，惹得工作人员都笑了起来。彭老总诙谐地说："花钱买了一件'紧身咒'，穿不得！"说着脱下毛衣，顺手给了孟云增："你穿合适，给你吧，你就不用再买了！"别人劝他另买一件，他说："出去是为了工作，也不是去搞服装展览，旧毛衣穿在里面怕什么！"就这样，彭老总仍然穿着那件旧毛衣出国了。

时隔五年，彭老总无意上了侄女彭钢的"当"，才换上了一件新毛衣。当时，彭钢因病休学在家，见彭老总的毛衣补了又补，破得实在难以挂身了，就开玩笑说："伯伯，你这件毛衣像是一幅世界地图，有湖泊，有河流，还有森林，花花搭搭的，该换一件了。"

彭老总说道："补一补还可以穿，你就不用管了。"

几天过后，彭钢看不下去，又对彭老总说："伯伯，我想买几件衣服，给我点钱行吗？"

一向不乱花钱的彭钢，彭老总是知道的，也就没有多问，拿了50元钱给了彭钢。彭钢高兴，连蹦带跳出了家门，来到西单商场给彭老总买了一件驼色毛衣，还买了些布料和其他几样东西。当彭老总看到彭钢抱着衣物回家时的高兴样子，还说："嘿！真是满载而归啊！"直到彭钢拿起毛衣给彭老总试穿时，他才恍然大悟地说："哎呀，这小鬼，我可上了你的当了。"当彭钢动手把彭老总的破毛衣脱下来扔在一边时，彭老总还一个劲地说："不要扔了，还可以穿呢！"然而，这件破毛衣终于被侄女给换掉了。

1965 年 11 月，彭老总响应党中央的号召，到成都组织指挥"三线"工作。临行前，彭钢把织好的一双毛袜子送给彭老总，彭老总穿上后，站起来走了几步，说："这真暖和，以后别花时间给我织了。"

彭钢埋怨地说道："这是侄女为您织的第一双毛袜子。"这也是彭老总生平第一次穿上的毛袜子。

1973 年，当彭钢见到已分离八年的彭老总时，那身穿了 11 年的毛衣，四周的边缘和袖口都露着凌乱的线头，两个胳膊肘缀着层层补丁，针脚粗疏，布的色泽与毛衣也不协调，这显然是彭老总自己缝上去的；脚上穿的毛袜，前露着脚趾，后露着脚跟，此时的彭钢心都酸了。

食——他总喜欢和战士吃一样的

在中央苏区时，部队里有一个习惯，有时首长下连队，有条件的话吃饭时总要加一个菜，如炒鸡蛋之类的。但是，彭老总下去时，遇到给他加菜的情况，不管谁给他加了菜，他就眉头一皱，骂了起来，直到把加的菜端下去了，他才肯吃饭。

开始一些人对此不理解，也不知是什么原因，后来才知道彭老总是严格要求自己，绝不要特殊，渐渐地就没有人敢给他加菜了。

那时，革命根据地被国民党军队包围、封锁，吃盐极为困难。彭老总不仅和大家一样，有盐同咸，无盐同淡，而且，供给部按规定每月另外给他的三四元伙食费，也坚决不要。一天，心细的公务员颜甫，见彭老总整天指挥作战非常辛苦，应该吃点好的补养补养。于是，他就拿了彭老总的零用钱买了一只鸡，炒好端到了彭老总的面前。彭老总问他：“哪儿来的钱？”

他说：“是上面发给你的零用钱。”

彭老总笑了笑说：“如果是公家特别开支可不行。哎，你去请邓参谋长来，还有你和毛正武、王方祥三个小鬼，也一起来打个牙祭。”

彭老总说着夹了一块肉往嘴里一送，连连赞赏：“好吃！好吃！”但又很遗憾地看着公务员颜甫说：“鸡，炒得是好！要是多放点水，煮些汤就更好了，那样全参谋处的同志都可以来喝点鲜鸡汤！”

颜甫“嗯”了一下，心想，老总啊！你只顾别人，就不知道关心自己。有好几回了，好不容易给彭老总做只鸡，他总要公务员送一半给滕代远和参谋处的同志，剩下一半，还要和公务员们同吃。

与战士同甘共苦，是彭老总的一贯作风。1940年春，部队在太行山区开展整军工作。一天，彭老总亲自来到某部炮兵连检查工作。战士们见到彭老总下连队，都非常高兴。为了表达他们对彭老总尊敬爱戴的心情，连队领导提出给彭老总弄点好吃的。由于他们不知道彭老总下连队吃饭的习惯，就为彭老总做了100多个饺子。饺子是用柳梢上的树叶当馅，高粱面里加点榆皮面当皮包的，这在当时来说是很难得了。彭老总知道后，立即把他们叫来，问道：“战士们吃什么？”

他们如实地作了回答。

彭老总严肃地说："为什么要给我单做呢？我到连队里来，要和战士一样，战士吃什么，我就吃什么。"

说着，就叫他们把连队战士集合起来，当着他的面把饺子分给每个战士尝一尝，而他自己吃的却是窝窝头。

1940年12月，百团大战刚结束，彭老总由于长期忙于指挥作战，日夜操劳，身体一天天消瘦了。司务长看在眼里，急在心上。一次做饭，他给彭老总炒了一盘猪肝，吃饭时，彭老总看到端上来的那盘猪肝，平心静气地问道："我的伙食标准是多少？"

司务长作了回答。

彭老总又问："那你炒的这盘猪肝，超过了我的生活标准没有？"

听了这话，司务长忙解释说："就这一次，也超过不了多少。再说，你这些日子太劳累了，比以前瘦多了……"

彭老总不耐烦地打断司务长的话："难道因为我是副司令，就应该比别人吃得好一些吗？这是哪家的规矩？"

最后，他又笑着征求司务长的意见："你看，这盘猪肝是公处理好，还是私处理好？"

司务长听了，不解地问："咋叫个公处理和私处理？"

彭老总半开玩笑地说："公处理，那就是把这盘猪肝拿到军人大会上去展览。至于私处理嘛，也很简单，把这盘猪肝悄悄端回去，倒进食堂大锅菜里，大家一起把它报销了。"

司务长忙回答说："还是私处理吧。"说完，把那盘炒猪肝端走了。

彭老总把给他单做的菜倒入大锅里的事，也不止这一次。一天，彭老总来到黄崖洞兵工厂了解情况。快响午了，厂长陈明升把一名干事叫到身边，低声吩咐："今天留彭老总在厂里吃饭。首长胃口不好，你到食堂里安排一下，做碗白面条，另外再炒些菜。"

中午，炊事员果真端来了一碗热腾腾的面条和一盘炒豆腐。彭老总一看，立刻皱起了眉头："工人们吃的和我一样吗？"

陈明升支吾着说："差……差不多……"

彭老总不相信，倒背着双手出去了。他到食堂里一看，见工人们吃的是高粱、玉米和黑豆面糊糊，几个人合吃着一小盘萝卜丝。

彭老总指着桌上的面条，生气地问道："是谁叫做的？"

陈明升见势头不对，便吞吞吐吐撒了个谎："是、是伙食委员会叫做的，怕您胃口不好。"

"收多少钱？"彭老总并不放过，"我的胃口不好你们都知道了，工人们的胃口不好，你们都知道吗？现在敌人对我们根据地进行军事包围和经济封锁，军民生活都很困难，我怎能搞特殊？"

彭老总说着端起桌上的面条，"腾腾腾"地向食堂走去。陈明升等人只好紧跟在彭老总后面走进食堂。他们只见彭老总把面条往大锅里一倒，又来回搅了几下，然后端起一碗糊糊，大口大口地吃起来，吃得是那么香甜。

陈明升和正在吃饭的工人们，激动得你看看我，我看看你，想说什么又说不出来……

在革命圣地延安，为一只鸡，彭老总"开除"了警卫员。1947年，部队转战陕北时期，生活非常艰苦，天天吃小米干饭。警卫员小杨怕这样长期下去，彭老总的胃受不了，就炖了一只鸡，端着给彭老总送去。没想到彭老总神色严肃地问："哪来的？"

"买的。"

"这是干什么？"

"改善一下生活……"

不待警卫员把话讲完，彭老总生气了："不吃。拿回去！"

小杨不知是怎么回事，只好将鸡端了下去。彭老总仍天天吃从大灶上打来的小米干饭和炖白萝卜。警卫员小杨恪尽职守，他想临来时组织上有过交代，彭老总有胃病，一定要照顾好首长的身体，才能对得起组织。过了一个星期后，他又给彭老总做了一只鸡端去。

这回彭老总发了脾气："你怎么又搞这一套！你干什么?"

警卫员小杨不太了解彭老总的心思，十分委屈，申辩了几句。

彭老总说："你原来是哪个部队来的，你还是回哪个部队去吧，我这里不用你了。"

当时的青年人个个争着上前线，小杨听到让他回部队，心想："我这么关心你，照顾你，你还发脾气。既然要我走，我就走。"

后来警卫员小杨回到了他原来的部队，很委屈地告诉了部队领导："我还不知道是怎么回事，彭老总就把我赶回来了。"部队领导劝他："原因很简单，彭老总不愿搞特殊。彭老总考虑更多的是问题的另一面。在前线指挥作战的指战员，谁不辛苦，谁不劳累，谁无困难？彭老总认为，在艰苦的条件下，大家只能过同样的生活，只能同甘共苦，不管自己有什么个人困难，都应当忍耐、克服；特别是负责干部，更要时刻检点自己的言行与生活细节，绝不容许自己与大家有任何不同、任何特殊的地方。不仅如此，作为领导者，他认为，在一切方面，一切场合都应该吃苦在先，享受在后，都要以身作则，作出榜样来。"并且鼓励小杨，"你没有错，只是方法欠妥。"小杨听后，才松了一口气，高兴而去。

1947年7月中旬，野战军司令部进抵靖边县的张家畔，部队利用战斗间隙进行休整。一天，炊事员杨应国超标准，以每条两千元边币的价钱，在集市上买了20根新上市的黄瓜（在当时，每条黄瓜相当于半斤小米），想给彭老总增加点营养。彭老总知道后，把管理科长高克恭叫去，问道："战士们能吃到黄瓜吗？吃不到！战争打得这么苦，二纵队过沙漠时就渴死了人，我们应当为战士着想呀！老百姓勒紧裤腰带来支援我们，他们的负担已经够重了。多浪费一分钱，我们也应当觉得惭愧！"第二天，在团以上干部会上，彭老总就这事作了自我批评，他说："你们经常说我彭德怀艰苦朴素。可是，我昨天一下子就买了20根黄瓜。一根多少钱呀？"他举起左手，伸出两个指头，摇摆着说："一根两千块。20根要多少钱呢？4万块。同志们，我一下就花了4万块钱啊！花了那么多钱，这能说我彭德怀艰苦朴素吗？我向大家检讨，并且保证今后一定改正，请大家都来监督我。"

开饭时，管理科的同志把凉拌鲜黄瓜分到各组。彭老总招呼大家吃饭时，又说："我们在陇东、三边走了这么一大圈，确实够辛苦的。今天大家到这里开会，吃一点黄米饭和羊肉菜汤，已经很不错了嘛。偏要搞什么黄瓜！战争年月不是讲口味、图新鲜的时候。应该多想想战士，多想想老百姓。"

5年之后，彭老总在一次谈话中提起这件事时，还说："黄瓜本是极普通的菜，黄瓜虽小，影响事大。在大家艰苦困难时，都吃苦没话说。可大家连饭都没有吃，你买几千元一根的黄瓜，事就大了。"

住——他总喜欢顾大"家"，舍小"家"

1953年，彭老总从朝鲜回来后，一直住在中南海的一座名叫"永福堂"的中国古式建筑里。这里只有两间房子：一间放一套沙发，一个书柜，墙上挂一张大地图，是他会客、看书的地方；另一间是他和夫人浦安修的卧室。中间的通道里，隔了一个吃饭的地方和一个客人放衣帽的衣帽间。这座房子由于年久失修，门窗和廊柱的油漆早已脱落，斑斑点点，办公室天棚的一角还漏雨，每逢下雨总要湿上一大片。

管理部门的同志看到这种情况，几次提出要对房屋进行一次翻修和粉刷，都被彭老总拒绝了。他说："哪里漏就补哪里，能住就行了！"并多次说："要把心计用在国家这个大'家'上，眼睛不要老盯着我这个小'家'，要把钱节约下来，先用于国家经济建设。"

1956 年春，管理部门对房屋进行检查后，又一次提出要油漆门窗和廊柱，并送来了维修计划。彭老总听了工作人员的汇报后，把脸一沉说："又修什么，这不是蛮好的嘛，更不要油漆！房子是住人的，又不是图好看！你们就是不考虑工人、农民住得怎么样，也不考虑国家的困难。"

工作人员把彭老总的意见转告给行政管理部门。他们解释说，彭老总的心思他们知道，但油漆门窗廊柱不是为了图好看，主要是为了防腐蚀，延长房屋使用年限，这完全符合彭老总的精神，并要工作人员再次向彭老总请示。

一天晚饭后，彭老总坐在走廊里的藤椅上休息，工作人员上前报告说："彭总，修缮队的同志又检查了一下房子，认为确实该漆一下了！"彭老总听后不高兴地说："看，又来了，不是讲过不修了吗？"

工作人员指着就近一根廊柱的底部说："你看，这根柱子因为油漆脱落，木头已经腐朽了，如果现在不修，以后还得换柱子呢，花钱就更多了，岂不是因小失大？"

彭老总听后没有吭声，慢慢站起来围着柱子转了几圈，仔细地观察了一番，还不时地动手敲敲，觉得他们说得有道理，才勉强同意了："你们这些人呐，理由就是多……"

后来组织上在北海后面给他找了一幢房子，警卫参谋景希珍去看了后很满意。回到"永福堂"，他马上向彭老总汇报："那房子可好呢，咱们赶快搬进去吧。"可彭老总说："小景，你看着满意，我看了还不一定满意呢。"那里比这里强百倍，已做过调查的景希珍自以为心中有底，就催他说："你去看看吧，你看了一定满意。"

彭老总看了房子，结论是确实漂亮，让外宾住比较合适。至于自己嘛，就住在"永福堂"。小景不愿放弃那么好的房子，左劝右说。

彭老总说："你这个人呀，光想自己住好房子，为什么不想想老百姓呢？咱们国家解放好几年了，有些地方连吃饭的问题还解决不了。我搬进那么高级的房子里，能睡得着觉吗？"

这就是彭老总——心中总是想着人民。

还有一次，他到一个著名的风景区去参观。服务员向他介绍，有几座小楼是专给中央首长准备的，有的楼一年到头都空着。听了服务员的话，彭老总心中很不安："有些人硬要把我们往贵族老爷、帝王将相的位置上推，还怕人家不知道，在这儿修了当今帝王将相的庵堂庙宇哩！"

临离开的时候，彭老总对当地的负责人说："你们也许是真心实意地尊重我们，但我真心实意地告诉你们，我们不是帝王将相！你们这样搞，是在群众面前孤立我们嘛。人们看到这些长期闲置的房子，会怎么想？不骂娘，起码也会觉得我们这些人太特殊了吧！这样搞又有什么必要？我们来了，住个普通的招待所又有什么不好？看看人民住的什么。我们革命，不就是为了打倒压在人民头上的贵族老爷吗？"

行——他总喜欢说："有车子坐就很好了，可不能再搞特殊呀。"

一天，一辆崭新的大吉斯轿车，开到了"永福堂"。这辆车，是按照中央的有关规定，由中南海交通科拨给彭老总的。

一听见车子的响声，秘书就从屋里往外跑，来到大吉斯车跟前，一边用手轻轻地摸着车，一边对司机说："这车子真神气，恐怕是最高级的轿车吧。"

"那当然。彭老总坐上这辆车，准保畅通无阻。"司机很高兴。

"首长，您出来看一下吧，拨给您的一辆大吉斯开过来了。车子漂亮极了。"秘书满以为这么一喊，彭老总会马上到院子里去看车子。可没想到，喊了半天，彭老总连座位都没有离开："你看着好，你就去坐嘛。"

"我？我没有那个资格。不过，您要是换了这辆车，我当然也可以坐。"

"我早就讲过了，反正我不换。"彭老总说道。

"这车子又不是光给您一个人换的，人家都有嘛。"秘书急忙解释。

"换什么车哩。我现在坐的车不是很好嘛。你知道这些车子是怎么来的吗？这都是用猪肉、水果换来的呀！换一辆车子，不知要用劳动人民的多少血汗呀！国家刚刚解放，咱们的工业还很不发达，农业又很落后，有辆车坐就不错了。我现在坐的这车子，外边好多人还坐不上呢。"彭老总执意不肯换车，秘书没办法，不高兴地走到院子里对司机说："彭老总不肯换车，你还是把车子开走吧。"司机摇了摇头，把大吉斯轿车开走了。

当时交通部门有个规定，凡是看见大吉斯轿车开过来，十字路口就优先放行。彭老总因为坐的是辆旧吉普车，不在优先之列。有一次，彭老总到西郊机场迎接一个外国代表团，可是一路上，多次赶上红灯。等赶到机场时，飞机已经降落了，真把彭老总急得满头大汗。

尽管这样，大家动员彭老总换车，彭老总还是不换。后来，秘书同司机想出了一个点子。

一天，彭老总要外出，司机就把大吉斯轿车开来了。彭老总一见大吉斯轿车就问秘书："这是怎么回事，我那辆车子呢？"

"那车子需要保养，这是临时给你派的车。"

"保养需要多少时间？"

"大概要一个月。"

过了些日子，彭老总又问司机："我那辆车子为什么还没有保养好？"

司机说："有几个零件暂时配不上，还得等几天。"

时间拖长了，司机还没有把旧吉普开来。彭老总发火了，说下次外出，必须把那辆吉普开来。

秘书怕惹彭老总生气，就让司机把吉普车又开来了。彭老总坐在车上对秘书说："这辆车子没有花钱，是斯大林在抗美援朝时送给我的。我是给人民办事的，绝不能只为自己打算。只想自己就会脱离群众，人家会骂娘的。你看见了吗？人家很多人上班，不是挤公共汽车，就是骑自行车，有多少人能坐上小汽车呀。我有车子坐就很好了，可不能再搞特殊呀。"

一心为民"吃好饭"的陈云①

吴跃农

中国革命领袖的饮食习惯与他们的凌云壮志之间有着一种朴素而深刻的关系，那就是，革命的目的，就是为了"给人吃好饭"。陈云在这方面可谓是一个有鲜明特点的人。

一

20 世纪五六十年代，国家经济比较困难时，陈云一日三餐的伙食标准是：早饭稀饭、馒头、花卷、咸菜；午饭、晚饭各炒一个蔬菜，炒时菜里加一点肉末，纯荤菜是没有的，连吃个鸡蛋，陈云都会觉得是一件很"隆重"的事。

到八九十年代，国家的经济开始好起来了，陈云的伙食有所改善，但他依旧很简单：早饭豆浆、面包、果酱和稀饭；午饭，一荤一素；晚饭，一个炒素，炒素主要就是烧豆腐，主食则为大米饭。陈云吃饭总是细嚼慢咽、不急不忙，他对主食是"讲究"的，因为是江苏青浦人（已划归上海），在条件允许的情况下，他只爱吃大米饭，饭量不大。为了防止浪费，每次做饭都要工作人员按标准的上海人才会启用的度量单位——"半两"来称量好。

---

① 选自《生活中的老一代革命家》，中央文献出版社 2008 年 1 月版。陈云（1905—1995），马克思列宁主义者，中国无产阶级革命家、政治家，中国共产党、中华人民共和国主要领导人，中国社会主义经济建设的开创者和奠基人之一。

陈云饮食主张俭省，以素为主，除了他一向的节约朴素作风外，还有一层意思，是他比较注重饮食的科学健身内涵，从不大吃大喝，不吃很油腻的食物，更不用说暴饮暴食了。他是为数不多的90多岁高寿去世的中共领导人。而他在青壮年时期出生入死，身患多种疾病，甚至得过癌症，如果没有极好的健康的饮食调理，他能高寿是不可想象的。他的夫人于若木是饮食营养专家，陈云的偏吃自然体现了夫人的营养思路，豆腐、萝卜、冬瓜、苦瓜，这些都是陈云大补生命元气的 "大味"。陈云食偏素，这是战争年代馈赠给他的特殊 "礼物"，他经历过长征，出生入死带兵打仗，饥一顿饱一顿是家常便饭，久而久之，"用进废退"，肠胃功能也就病变了，吃不得油腻，没有了吃荤腥的口福。陈云也曾 "无奈" 地说："过去战争年代想吃，没有东西吃；现在革命胜利了，有东西吃了，又不能吃，自己真是没有口福啊！"

当然，这是陈云的自嘲，实际上，即使有口福，陈云也不会吃的。陈云在吃饭问题上有自己很强的原则性——"不吃请"，他也不请人吃，生活极有规律。特别是在工作场合，严格按照党的纪律、按照党的优良传统作风行事。解放初陈云到东北搞调查，当地领导很热心，也知道陈云饮食偏素，准备了一桌丰盛的偏素的酒菜。陈云一见，立即露出不悦之色，站着不入座，只等把菜撤走，换上清淡的一素一荤，他才肯坐下来入席。1961年，他到上海郊区搞调查，随行的工作人员只有3人，不住宾馆饭店，就住在当年搞地下工作时的老战友家中，每顿饭就是两小碟素菜，喝的是大麦茶。而他这次调查的内容，却是关于千家万户吃的问题，即著名的农村养猪是集体养好还是给私人养好，他得出的结论是私人养成本低，收益高，能更好地提高农民收入，保障供给城市，能更快地改善人民群众的生活。当时他的身份是中共中央副主席、中央常委、国务院副总理。

二

陈云不吃请，自己吃得也比较简单，这是他的习惯，但他并不"死板"，不反对条件允许的情况下吃得好一点，不反对必要的人情来往。20世纪80年代，陈云身边一位保卫人员的爱人生孩子，陈云知道后，专门叮嘱他要照顾好母婴，在饮食上不能马虎，陈云说："要多喝鲫鱼汤和鸡汤，鲫鱼汤是下奶的；要用母乳喂养，母乳最有营养。孩子哭，是一种运动，是好事，不要一哭就喂奶，还是要按时喂奶。"

即使是在那个斗争火药味比较浓烈的年代，对一些必要的人情，陈云认为也还是应该的，并不是凡事都可以"上纲上线"的。在20世纪50年代对资本主义改造和"三反"、"五反"搞得最轰轰烈烈的时候，有些干部怕与资本家交往，怕被腐蚀，以致杯弓蛇影。陈云对此指出，要有来往，要做工作，而不是被腐蚀，也不要把正常的交往"敌对化"。他曾讲过一个小故事，天津有一位女老板，看到公方代表开会回来忙得顾不上吃饭，给他煮了一碗面条，公方代表绷紧了阶级斗争之弦，就拍着桌子，吹胡子瞪眼地说："你腐蚀我吗？"陈云认为这样做也太不近人情了。

这位中共的财经专家、副总理，自己吃得简单，但精通人情，懂得"民以食为天"的天下第一大道理，管的事就是与人民群众的吃喝息息相关的经济生产。对这分内的事，陈云管起来一点也不简单，标准和要求都很高，十分在行。

1949年7月，他带领一位同志去上海做调查。做好上海的经济工作，就是稳定了全国经济的一半局面，对扭转全国的财政经济的严重困难有着举足轻重的作用。陈云一到上海，就明察暗访，对上海的各类市场进行细致的观察分析，也找了许多代表人物进行座谈交换看法。陈云指出，解决上海的经济问题，就是要解决"两白一黑"的问题，两白是指大米和棉花，一黑自然是指燃料煤炭了。这三样东西是人民的日常生活必需品，一要吃饭，二要穿衣嘛；也是我们要与投机商进行斗争、保持市场稳定的基本物资，只能解决好，不能出现任何问题。陈云经过调查认为，在上海的周边地区，这些东西并不匮乏，现在关键的问题是要解决运输问题，他强调要花大力气来组织运输，还要花钱造船。陈云经过精心测算，具体部署了运输计划，从其他地区向上海调运"两白一黑"。

三

"给人吃饭"、"给人吃好饭"，陈云的工作实际上就是这么具体，但又有着极强的政策性、政治性。工作千头万绪，陈云处理起来游刃有余，毫厘不差。

新中国成立后，财政经济情况比较困难。然而，吃国家饭的人数已经达到750万人，到1950年，预计将达到900万。这样，有人提出，这900万人中包括了大量的国民党军政人员和职员，而国家的各方面开支都很急需，战争还在进行，军需惊人，铁路要上马，经济要恢复，都需要钱，而实际上财政赤字达79%，我们为什么还要养这么多的闲人呢？对把国民党的旧军政人员包下来有意见。陈云认为这是一个十分重要的政策问题，他对这些有意见的同志说："我们如果不供给这批人，简单地把他们遣送回家，他们回去后没有饭吃就要走不正当的道路，抢着吃，就要骂共产党，必然造成地方的不安定，结果反而有害于人民。现在我们在1950年国家预算中列出一笔支出，供给这一批人吃饭，使他们安下心来，同时还可以松懈尚未解放的国民党军队残余人员的斗志，使他们感到在新中国有家可归，其中有很多人将会跑过来吃饭。有人说我们不会管家，国家财政这么困难，还要供给他们吃饭，是个大傻瓜，这正是我们共产党的光明磊落，远见卓识，会打算盘。我们必须管他们饭吃，这是毛主席的正确政策，必须执行。"

　　20世纪50年代后期，一些私人老字号的工商业经过社会主义改造，成为国有企业了，但经营质量却迅速下降，如"东来顺"涮羊肉，北京人好吃这一口，但那阶段不行了，怎么涮也涮不出个原来的鲜美味儿。北京人可是什么都敢说的，就有人调侃了，说："社会主义还是不如资本主义好，资本主义的羊肉到社会主义后都不好吃了。"这话讲得刺耳，但人家就是从小小一锅涮羊肉来看问题的，陈云觉得刺耳是刺耳，还得听下去呀，而且要找出不好听的原因！这话也传到了毛泽东耳朵里，毛泽东没有发怒，而是在1956年第六次最高国务会议上专门提出，要让陈云来回答，为什么资本主义的羊肉到社会主义以后就不好吃了？

　　对于人民群众的生活保障，陈云向来极为重视，平时三个地方经常去，一是北京百货大楼，二是北京东单菜市场，三是北京天桥农贸市场。实际上，陈云听到这话后，立即就去实地踏访，尽管他自己不喜欢吃这膻味冲鼻的羊肉，但他还是进入厨房了解制作的全过程。回答主席的提问自然是胸有成竹，有了答案，他说："'东来顺'涮羊肉出现质量滑坡问题，主要原因是我们对私营改造后也想当然地'改造'了操作'规矩'。'东来顺'的涮羊肉原先只用35斤到42斤的小尾羊，这种羊的肉相当嫩，涮起来才好吃，这也是'东来顺'多少年的经商之本。可是现在，我们的企业把这个严格的原料标准抛弃了，老山羊、老绵羊都拿来用，全端给客人来涮了，刀功也不讲究，切得没有以前那么细而薄。'东来顺'十分讲究刀工，多少肉切多少片，羊肉片多宽多薄，都是有严格的规矩的，一天一个切工最多切30斤肉，切得必须很薄才行。现在的羊肉，煮着吃都嫌老，别说涮了，怎么可能好吃呢？导致'东来顺'

肉质差的一个重要原因，是在原材料的进价上不合理，违反经济规律，做涮羊肉的羊肉价格本来是1.28元一斤，现在因为公私合营以后统一了进价，必须和其他饭店的羊肉进价持平，成为统一价。于是，涮羊肉的进价必须按照1.08元的最高限价购进。"他还说，"如果价格高了，就不是为人民服务了，不是为社会主义服务了，不是为消费者服务了。价格因素导致涮羊肉肉质急剧下降。"毛泽东听陈云说着，脸上没有不悦之色，而是露出若有所思的神态。陈云接着说："不仅是'东来顺'的涮羊肉不好吃了，而且'全聚德'烤鸭也不如以前那么可口了，群众的意见也很大。根据实地调查，原因是原来的'全聚德'的烤鸭用的是专门的鸭子，这种鸭子有严格的喂养规矩，要喂养100天左右，饲料主要是绿豆和小米。粮食统购统销和公私合营后，'全聚德'烤鸭的原料不再是这样的了，而是由国家统一调配给他们的劳改农场的老鸭子，烤出来的不脆，咬不动，当然不好吃了。"毛泽东燃起了一支烟，问陈云，怎么解决这个问题呢？陈云回答说："对'统购统销'，要采取一定的改进措施，一是对有些商品，如百货中的一部分，国家不再统购统销。我们要采取'将你一军'的办法，好的要，不好的不要，质量高的价高，质量低的价低，这叫逼着你提高质量；二是对商品的设计人员，像工厂的设计师，时装店的设计师，要给予奖金，这样，有利于调动他们的积极性，发挥他们的才智，设计出受群众欢迎的产品；三是每个产品要有专门的责任人，要由内行来管理生产；四是要保证供应好的原料，'巧妇难为无米之炊'，巧厨师也无法烧烂菜皮子。总之，对人民群众的消费要求一定要重视，要提高消费品的质量和增加花色品种，满足人民群众日益增长的物质需要，让人民群众'吃好饭'，这也是我们的工作目的。"

心系百姓

群众冷暖的贴心人①
——邓子恢的故事

杨居人

1943年年初，淮北平原上严重的春荒开始了。2月3日，天气阴冷，像要下雪的样子。淮北新四军第四师直属队，在驻地陈店子召开大会，动员生产节约，救灾度荒。会场在一个堆放柴草的大院里，部队到齐以后，我们四师政委、中共淮北区党委书记邓老——邓子恢同志来了，他身上穿一件洗得发白的旧棉袄，脚上穿着一双毛窝鞋。

淮北洪泽湖沿岸，盛产芦苇，每到夏天出齐了穗，百里苇滩一片淡紫色摇摆的丝绒。秋后，人们割了芦苇堆在岸上，贫穷人家剪下苇穗，编成毛窝鞋，绸②上木底，里面填上麦秸，不用花钱，就有了一双很暖和的鞋。那时部队生活艰苦，邓老舍不得要供给部给他做鞋，每年冬天他就穿着这种毛窝鞋防寒保暖。

---

① 选自《回忆邓子恢》，人民出版社1996年版。邓子恢（1896—1972），中国无产阶级革命家。

② ［绸］缠缚。

邓老行事，不重外表，只讲实际。1941 年他任新四军政治部主任，初夏他从淮南到淮北来。我们淮北部队在洪泽湖畔的半城举行了盛大的欢迎会。大家听说邓主任早年留学日本，主编过报刊，善于理财，当过中国工农政府第一任财政部长，又是著名的农民运动专家，想来定有一番温文儒雅、彬彬有礼的学者风度。谁知道首次见面，他衣着简单，没有半句客套，操着浓重的福建话，一上来就作了一个长篇大报告。反复强调充分发动群众，实行减租减息，加强部队建设，开辟巩固敌后抗日民主根据地。讲了一天，还没有讲完。当时，我在区党委机关报——《拂晓报》当记者，对邓老有着深刻的印象。

以后，邓老留淮北工作。他不顾年老体弱，遇事总要倾听群众的心声，一竿子插到底，亲自到基层调查研究。在草铺上，在牲口棚里，他不拘形式同战士、农民促膝而谈。遇到重要的问题，必追本溯源，探知底蕴。他实事求是，确定工作方针，不掺一点虚假成分，不为时势所左右。他处事稳重，不是裹足不前，而是抓住关键，全力以赴，坚忍不拔，贯彻到底。连战士们也说："邓老减租——坚决性儿的！"

邓老与人相处，总是想着别人。那年冬天，邓子恢同志有病，师政治部、城市工作部的同志，念他年老，从上海给他带回来一斤多福建橘子。

邓老是福建龙岩人，在这北方偏僻的农村能吃上家乡的橘子，真是不容易。他拿着一个黄澄澄的橘子说："说不定这正是泉井村山坡的树上长的哩！"

故乡的橘子很诱人，但是邓老又把它放在桌上，没有舍得吃。第二天区党委召开县委书记会议，他拿出几个切开分给大家，自己只尝了两瓣。以后，他又送给比他年长的淮北参议长田丰老先生和老教育家任崇高老先生各两个。最后剩下一个，一直放在他的箱子里，舍不得吃。那时，司令部有个司号员，名叫姬云焕，只有十三四岁，大家叫他"焕儿"。正巧他生病住医院回来，邓老怜惜他，把他叫到屋里，从箱子里拿出那个剩下的橘子，放在"焕儿"手里，哄着说："快拿去吃吧！没有啦！"

1943 年淮北地区春荒严重，主要因为头年夏季长期干旱无雨，大片庄稼枯焦，秋季减产。

邓老预感到来年有春荒，曾指示各地要精打细收，颗粒归仓。谁知刚刚打完了场，日寇就集中一万多人的兵力，配备飞机、汽艇、坦克、大炮、骑兵，分五路对淮北进行疯狂的大"扫荡"。淮北军民奋起与敌人鏖战 33 天，把"扫荡"彻底粉碎。但鬼子的"三光"政策，使淮北解放区受到了很大摧残。这样，到了 1943 年，春荒更加严重了。

春荒中，邓老时时惦记着淮北 300 万人民，他的心与人民连得更紧。邓老对少数干部不关心群众疾苦的现象十分恼火，在生产救荒的动员会上，他严厉指出："春荒严重，但更严重的是我们有些干部，对群众的生活漠不关心。在浮山镇，有一对老夫妇断粮断炊饿死了，这个乡的乡长和党支部书记事先竟然不知道，两天以后发现也没有向县委作报告。我们这里是解放区，是不允许饿死人的。不然，与国民党统治区、日伪统治区还有什么区别！看到老百姓饿死不管，还算什么共产党员？"邓老当场宣布：区党委决定，开除这个乡长和支部书记的党籍，刊登在《拂晓报》，以此教育全党。他在会上还沉痛地作了自我批评，说："我的工作没有做好，让群众受了委屈，我很难过。"邓老说着说着就流下了眼泪，使同志们深受感动。

2 月 4 日，邓子恢同志又不辞辛苦，穿一件棉大衣，拖着一双毛窝，顶着呼呼的北风，亲自到县里去了解灾情，寻求救灾的办法。

他过了淮河，到了县里，顾不得休息，一村一村，一户一户，不是"视察"，而是叩门看望受灾的人民，向他们询问救灾之策。

2月7日，天下大雪，朔风呼啸着迎面扑来，邓老与县委书记饶子健，冒着风雪到紫阳镇了解灾情，并且特地到小镇东头看望生活最困难的灾民、农会副主任阚振东。

阚振东是远近出名的好把式，为人正直，浑身力气，地没一亩，全靠给人家当大领（雇工），养活家小。去年老婆病死，撇下两个孩子。今年又生了一场大病，被主家辞退。他在紫阳山的荒坡上，种了一点玉米，拖着有病的身子，苦筋拔力劳累了一个夏天，秋天收获的只有一把枯草和无声的叹息。连年亏空，到了冬天，日子越来越不好过了。

邓老掀开门上的草帘，风卷着雪花跑进来。老阚一看是邓老（他到边区开会曾听过邓老的报告），先是一愣，随后便连忙让座：

"咳！邓老，这么大的雪，你怎么……"

"来看看大家。"

邓老两眼扫了扫这屋子：里边空荡荡的，墙上挂着一顶破得只能吓唬老鸽的草帽，锅台上放一个缺口的瓢。两张凹得像船样的破床，两条露出灰白棉絮的被子。

"日子过得究竟怎么样？"邓老问。

"还行，邓老。反正嘴总不能挂起来，抓搔着吃哩！"

邓老要看看他们吃的是什么，掀开锅盖一看，黑乎乎的半锅，不知是什么东西。锅台旁边有三个破烂的口袋。邓老抄起来看看，发现一袋子树叶，一袋子杂色野菜，半袋子白薯叶。他明白了，难过地对老阚说："别瞒我，说实话，断粮多少天了？"

老阚胡子拉碴，核桃大的喉结动了动，嘴角向下一撇，把话咽在肚里，没有说。他宁肯啜饮着这人生道路上的不幸，和孩子们一起吞食野菜树叶的苦涩，也不愿在邓老面前诉说自己的艰难。县委书记饶子健同志，小声地用他那上海口音的普通话，对邓老说："前些天，我们了解群众生活情况，紫阳的支部书记说，老阚家有个把月没见一粒粮食了。春节的时候，支部书记挖给他一瓢杂豆面，全家才算过了年。"

邓老看看两个孩子，一身破衣裳，蜷缩着身子，又冻又饿，簌簌发抖。那女孩六七岁，男孩也不过三四岁，坐在老阚两边。邓老要警卫员到县委伙房，给孩子拿几个馍。警卫员拿来几个窝头，那男孩抱住咬了一口，两颊鼓得圆圆的，伸出小手嚷嚷着："我还要！我还要！"

邓老目睹此情此景，眼角湿润了。这时，他又发现墙角有个一人多高的粮食囤，上面盖着谷草。他走近随手摸了一把，伸开一看，是黄澄澄的玉米！

"这么多玉米，你怎么不吃呢？"邓老问老阚。

"这是公粮，哪能动！我保存1500斤，一颗粒不少。"

"挖一点吃吧。"

"哪能哩，新四军在前方打鬼子，拼命流血，咱哪能跟他们争粮食？"

邓老深受感动，拍着老阚瘦削的肩膀说："好同志，好同志！"

接着邓老又对饶子健同志说："你看，粮食是他们种出来的，我们吃粮食，他们吃野菜，这公平吗？共产党的一切，都是为了人民的，要是让人民受了委屈，那将是历史的罪人！"他低声地安慰老阚说："莫愁，共产党惦记着你们，大家想办法，一定会渡过这个难关。"

邓老离开阚振东的家，回到县委，又邀集基层干部，征询大家对开展生产救荒的意见。第二天雪停了，邓老又穿着毛窝鞋，踏着厚厚的积雪，回到司令部驻地陈店子，组织区党委召开会议，布置救灾工作。根据统计，当时全区公粮库存比较充足，维持到麦收，尚略有余裕。于是确定淮北行政公署发出紧急通知，把一部分粮食立即调出，无偿发放给断炊的灾民。同时在部队、机关、学校做了动员，前方部队每人每天自愿省下一两粮食，后方机关学校每人每天省下二两，陆续拨给受灾的群众。区党委号召淮北军民，动员起来，生产自救。一个生产自救运动，随即在淮北平原上轰轰烈烈地展开了。编苇席，割茅草，纺纱织布；天暖以后下洪泽湖采藕，打野鸭捉鱼，开荒种菜。在那艰苦的敌后斗争中，党领导淮北人民终于度过了 1943 年严重的春荒。

此事已经过去 40 多年了，我们的老政委，无产阶级革命家邓子恢同志，也已辞世多年。但每到冬天，当大地铺满白雪时，我就情不自禁想起了淮北艰苦斗争的年月，想起了敬爱的邓老。

邓子恢名言

凡涉及广大群众的事情，不要个人自作聪明，不要主观主义、命令主义。要同群众商量，走群众路线。

一碗饭·一段情·一颗心[1]

——宋庆龄与香港的"一碗饭运动"

尹正萍

抗战期间，最大规模的募捐活动要数"一碗饭运动"。所谓"一碗饭运动"，顾名思义，就是每人用"一碗饭"的费用支援中国人民抗日斗争。这个运动最早由美国医药援华会、妇女赈济中国难民会等团体于 1939 年首倡。其指导思想是：在美国人民和华侨中筹措捐款，购买药品和医疗设备，以支援中国的抗日战争，并确定每年举行一次。"一碗饭运动"获得了美国各阶层人士的广泛响应。旧金山唐人街更是万人空巷，广大侨胞纷纷慷慨解囊。第一届"一碗饭运动"就获得捐款 20 万美元。此后，"一碗饭运动"扩展到英国、加拿大、南美洲等许多国家，影响甚大。

时任保卫中国同盟主席的宋庆龄密切关注着西方国家的"一碗饭运动"，认为这一操作简单而又行之有效的独特的募捐方式在香港也同样适用，对激发香港 150 万同胞的爱国救亡热情、募集救灾救难经费具有重要作用。1941 年 5 月初，根据宋庆龄的倡议，保卫中国同盟在香港成立了以宋庆龄为名誉主席，香港立法局华人首席议员罗文锦为主席，香港医务总监司徒永觉的夫人克拉克为副主席，并包括香港华商总会负责人在内的"一碗饭运动"委员会。经研究，委员会决定发售餐券 1 万张，每张港币 2 元。餐券的价值本

---

① 选自《党史文苑》，2010 年 2 月（上半月）。宋庆龄（1893—1981），中华人民共和国领导人，爱国主义、民主主义、国际主义、共产主义战士。

可享受几道菜肴，但认购者只能持券到提供赞助的餐馆吃炒饭一碗，这种差额盈余将交给中国工业合作社作为救济西北难民的基金。

"一碗饭运动"的消息传出后，在香港引起极大震动。5月25日，港九地区的酒楼、茶室、茶居、西菜、饭店5家商会共同召开会议，讨论推行"一碗饭运动"的具体方案。第一位捐助者是威灵顿街丽山餐室的老板温梓明，他首先致函"一碗饭运动"委员会，表示愿意捐饭500碗，并定名为"救国饭"。在他的带动下，香港各酒楼、餐室纷纷响应。几天内就有13家餐饮店加入，捐饭数达5000余碗。

得知这个消息后，宋庆龄十分兴奋，她决定7月1日在香港湾仔著名的英京酒家举行规模盛大的"一碗饭运动"成立典礼。当晚的英京酒家灯火辉煌，宾客如云、名流会聚。身着黑色短袖旗袍的宋庆龄在雷鸣般的掌声中提前下车，向夹道欢迎她的人们颔首致意，并在大家充满爱戴与敬佩的目光中进入酒店，亲自主持"一碗饭运动"的开幕式。

出席开幕式的有中外著名人士150多人，其中有克拉克夫人、廖梦醒等"一碗饭运动"委员会的大部分成员，林培生、郭泉等工商金融巨子，邹韬奋、陈翰笙等文化名流，以及中国红十字会主席林可胜等。"一碗饭运动"还得到港英当局的支持，英军驻华陆军总司令贾乃锡少将、海军司令哥连臣、辅政司史美夫人等都出席了开幕典礼。宋庆龄发表即席演讲，阐述了开展"一碗饭运动"的非凡意义。她指出："'一碗饭运动'不但是募了捐去救济被困的人们，并且是要节饮节食，来表示牺牲的意思，这是我们做人的美德，无论中外，无论古今都是值得赞扬的。"她强调说："'一碗饭运动'是同情于我们抗战建国，发扬民主精神的表示。"而香港的"一碗饭运动"，"更含有一种深长的意义，因为这次捐款是要帮助工业合作社去组织及救济难民、伤兵，这是巩固生产阵线，是生产救国，是帮助人们去帮助自己，是最妥当的一种救济事业"。因此，"一碗饭运动"是"值得提倡"的。

保卫中国同盟名誉书记克拉克夫人也发表演讲，呼吁国际人士支援中国抗战，赞助"一碗饭运动"。她说："我们设想一下，能让中国难胞40%死于饥寒交迫之下吗？伸出诸位仁慈的手腕吧！去援助处于水深火热之中的人们！"

就在"一碗饭运动"成立典礼上，宋庆龄率先垂范，忍痛割爱，将自己珍藏多年的孙中山的遗物如墨宝、纪念品及其他文物当场义卖，作为向"一碗饭运动"的捐款。受此影响，出席开幕式的人们蜂拥而上，踊跃争购，顷刻之间就将这些珍品、便函抢购一空，大会气氛由此推向高潮。

在宋庆龄的号召和影响下，香港各界人士以不同的方式支持和响应"一碗饭运动"。文艺、新闻界人士以文章、演讲、绘画等形式大张旗鼓地进行宣传。由保卫中国同盟资助创办的香港《华商报》还专门出版了由何香凝手书刊名的"一碗饭运动特辑"，成为"一碗饭运动"的宣传阵地。其中刊登了克拉克夫人和美国记者杰姆斯·贝尔特兰的题词。克拉克夫人的题词是："买一张一碗饭运动的饭券不仅是做一件慈善的事，还可以使中国的难民有工作，能生活——帮助他们吧，使他们以合作来自助。"贝尔特兰的题词是："你中国的朋友在香港的饭店里买一碗炒饭，那黄河边上千万无家可归的人民就可以一起工作，过着快乐的生活。"

著名作家夏衍发表了《为了良心的安适》一文，指出："孙夫人领导的运动，不是干这运动的少数人的事，而是中国人全体的事，也是今天能够安处后方和海外的全体中国人一种应尽的无可推诿的责任……使香港的'一碗饭运动'成功，这是你对祖国最低的责任，为着使你的良心安适，你也得尽一点微薄的责任。"著名法学家张友渔在文章中说："假使你不是不关心国家的兴废，民族的存亡……你就应该同情这一运动，帮助这一运动。"著名剧作家于伶热情地呼吁："我希望每一位吃得起饭的人，多购买'一碗饭运动券'，我希望每一位吃不起饭的人，无力购买'一碗饭运动券'，也能了解'一碗饭运动'的意义。"著名演员王莹更富有鼓动性地说："希望每一个海外同胞都参加孙夫人领导的'一碗饭运动'，这是你的责任，你的荣誉。"

在社会各界的大力宣传、鼓动下，香港餐饮界对"一碗饭运动"的反应非常热烈。本着有钱出钱、有力出力的宗旨，各饭店、酒楼、茶室的业主踊跃捐赠炒饭。继丽山餐室首先宣布捐赠炒饭后，上环水坑口的乐仙酒家也立即表示捐助3000碗。接着，英京、龙泉、广州、汉商、天燕、小祇园、金星、金门、南京、北极、怡安等酒家、餐室和茶居也都踊跃捐饭。截至8月1日，捐助数已达14700碗。不少社会团体如华商总会、妇女慰劳会、中国青年救护团、岭南同学会、港九居民联合会等也纷纷响应，号召为"一碗饭运动"推销餐券。还有不少个人如郑铁如、罗文锦、唐谭美、高福申等也为"一碗饭运动"捐款，有的工友甚至捐出自己的薪金以资助"一碗饭运动"。

1941年8月1日，计划进行3天的香港"一碗饭运动"正式拉开帷幕。当天早上出版的《华商报》在显要位置刊登了宋庆龄为开展"一碗饭运动"所作的"日寇所至，骨肉分离，凡我同胞，其速互助"亲笔题词。繁华的香港街头这天显得格外热闹，车站、码头、商店、娱乐场所、大街小巷，甚至公共汽车、电车上，到处都张贴着"为祖国无家可归的难民请命"、"大家来吃爱国饭"等标语。特别是一只特制的大碗模型出现在街头，更是把活动引向了高潮。一大群人簇拥着这只"大碗"喊着"多买一碗饭，多救济一个难民"的口号，穿过中环、西环、湾仔等闹市区，使本来就已深入人心的"一碗饭运动"更加声名显赫。

许多承担捐助炒饭的酒家、餐室精心策划，把厅堂门面布置得新颖别致。有的在门口挂出"爱国之门"、"光荣之门"的横额，有的张贴着"欢迎来吃爱国饭"、"欢迎来吃救灾饭"的巨幅标语，有的在店堂里张贴爱国宣传画。乐仙酒家更是别出心裁，声称凡捐款达百元以上者，可享用店藏多年的大江古碗进餐的"殊荣"。该店还特别推出巨型爱国饭：碗内有白米 1 斤、鲜虾肉 4 两、鸡肉 4 两、叉烧 4 两、鸡蛋 6 个，售价港币 100 元。吸引了不少人就餐。这一天，香港民众纷纷上街购买饭券，不少家庭举家出动去吃"爱国饭"、"救灾饭"。大家都以能够资助抗战、救济祖国同胞为荣。

8 月 2、3 日正值周末和星期天。香港民众更是把参加"一碗饭运动"视为最光荣又最具有纪念意义的一次重要活动。不少民众表示，吃这碗饭是小事，援助祖国抗战是大事。于是他们或携老扶幼举家共食，或呼朋唤友同去餐室。家境贫寒的，买一碗回去，全家分享；病老不能出门的，托人捎带。原定进行 3 天的"一碗饭运动"很快就过去了，可仍有许多人为没能吃上"一碗饭"而遗憾。为此，各界人士纷纷呼吁，希望能够延长时间，以便让更多的人吃到一碗"爱国饭"、"救国饭"，以表达他们的一片爱国救难之情。在这种情况下，多数餐室延长了时间，其中龙泉茶室延长至 8 月 10 日，天燕餐室延长至 15 日，而乐仙、小祇园两家一直持续到了 8 月 30 日。原来计划售出 2 元港币一张的餐券 2 万张，很快就超过了预期目标，"一碗饭运动"取得了圆满成功。

9 月 1 日，由宋庆龄亲自主持的"一碗饭运动"闭幕式在英京酒家举行。会上公布了"一碗饭运动"的成果。扣除各项开支，这次运动的纯收入为港币 22144.95 元、国币 615 元。英国赈灾会香港分会将捐款凑足整数，共计港币 2.5 万元整。

在胜利进行曲的伴奏下，宋庆龄亲自向在"一碗饭运动"中作出较大贡献的英京、乐仙等 13 家酒家、餐室的代表颁赠了绣有她亲笔书写的"爱国模范"4 个字的红缎锦旗，并向英京酒家店主高福申、乐仙酒家司理庞永棠、小祇园素食馆司理欧阳藻棠赠送了孙中山的遗墨"努力前进"，作为特别奖品，以资鼓励。何香凝也向在这次活动中捐款较多的唐谭美、韦少伯等个人赠送刻有"保卫中国同盟赠送——纪念一碗饭运动"字样的象牙筷一双。

"一碗饭运动"中所得的全部收入都捐赠给中国工业合作社，救济了数以万计的战灾儿童和难民，大大鼓舞了人民群众抗日的士气，有力地支援了中国人民的抗日战争。它的成功离不开 150 万香港同胞的爱国救亡热忱，也离不开宋庆龄与她领导的保卫中国同盟的艰辛努力。"一碗饭运动"再次见证了"国母"宋庆龄的拳拳报国情和悠悠爱民心。她胸怀祖国、心系人民，不畏艰险，不怕困难，用一腔热血、一片赤诚，以非凡的胆识，创造出多姿多彩、有声有色的辉煌业绩，不愧为"中国的良心"、"民族的脊梁"。

宋庆龄名言

知识是从刻苦劳动中得来的，任何成就都是刻苦劳动的结果。

心系百姓①

——习仲勋的人民情结

马　超　张凤霞

"我是人民的公仆，是为大伙服务的。"

1939年5月的一天，时任关中分区书记的习仲勋独自一人去新宁县乡下视察，当他走过一个村子时，忽然听见有人坐在一棵树下啼哭。走近一看，原来是一位50多岁的老大娘。老大娘哭着嘴里念念有词："天呀，我怎么活呀！"习仲勋是个软性子人，听见老大娘哭诉，心里怪难受的。他问道："老大娘，你怎么了？有什么难事，就对我说吧。"

老大娘头也不抬，继续哭诉着："谁也救不了我的老汉呀！"习仲勋一听是这老大娘的老汉有什么灾难，马上表态说："大娘，您相信我吧，我是习仲勋。"

"习仲勋"这三个字还真灵验，老大娘一下就不哭了。她抬头看了一下，果真是习仲勋，就说："习书记，你快到我家看看，我老汉快要咽气了。"习仲勋搀扶着老大娘来到她家。这家姓李，老汉叫李青林。习仲勋走进窑洞一看，李青林躺在土炕上，奄奄一息。他鼻孔里的血一滴一滴正往下流，下面接着一个碗，碗里已有半碗血。

---

① 选自《党史文苑》2011年7月（上半月）。习仲勋（1913—2002），中国无产阶级革命家。

习仲勋问："得的是什么病，怎么血流不止啊？"老大娘说："村里人都说没有见过这样的病，鼻孔一出血就血流不止。"习仲勋又问："大叔，您怎么了？您家还有什么人吗？"李青林轻轻地挥了一下手说："习书记，我快不行了。就一个儿子，去年被国民党进攻边区时拉去当兵。就因为这事，村里人说我们是反革命家属，有困难也没有人敢管。"

这下习仲勋心里全明白了。他说："大叔，您儿子不是反革命，是我们的阶级兄弟。来，我背您去边区医院看病，只要止住了流血，这病会好的。"李青林说："习书记，您是我们这里的父母官，我怎么能让您背呢？"习仲勋说："不，我是人民的公仆，是为大伙服务的。来，我背您去医院。"

习仲勋背着李青林小跑前进，很快到了边区医院。医院陈院长立即安排进行抢救，结果血是止住了，但因李青林身体太虚弱，很快昏了过去。陈院长说："得马上输血，不然有生命危险。"

一位护士听后马上说："我是 O 型血，先输我的。"习仲勋说："光输你一个人的血是不行的，我再动员一下咱们的保卫大队，多找些人。"这位护士立即躺在床上给李大爷输血了。但当习仲勋去保卫队动员队员输血时，一个队员却说："习书记，您了解那个人吗？他可是反革命家属啊！"习仲勋严肃地说："你怎么这么认识问题？难道国民党的兵都是蒋介石、胡宗南的吗？他儿子是被迫当兵的，他们都是我们的阶级兄弟。只要我们把家属工作做好了，他儿子的态度也会转变的。"那个队员听习仲勋这么一说，就第一个表态："习书记，我听您的，就输我的血吧，我是 O 型。"习仲勋一连找了 5 个人给李青林输血，李青林被救活了。

李青林出院的那天，专门跑来拜见习仲勋，并对他说："习书记，咱共产党、边区政府太好了。您真是我的救命恩人，大恩人呀！我今天就去县自卫队，叫回我那儿子，让他参加咱们的八路军。"

　　李青林果然去了国民党县驻军处，他叫出他的儿子，对他说："你要是还继续在国民党队伍里干，我就不认你这个儿子。"他把习仲勋和边区医院救他的事从头至尾给儿子说了，儿子表示："国民党队伍里太黑暗了，我一定寻机逃跑，参加八路军，您放心吧！"

　　一个月后，李青林的儿子不但自己逃回了边区，还带了3个一块当兵的兄弟参加了关中分区八路军队伍。

"不能让老百姓失望，必须给他们一个满意的答复。"

　　习仲勋特别重视人民群众的来信来访，认为这是党和政府联系群众的重要渠道。

　　1950年春季的一天下午，时任西北局书记的习仲勋在西北局门外散步，发现有很多人提着干粮，带着行李坐在西北局大门外边，看样子像陕北人。他急忙找来秘书问明情况，原来，解放陕北时有些农民的儿子因当兵与家人失去了联系，新中国成立后家人便跑到西安来寻找儿子，习仲勋当即让秘书通知传达室的老王："对待乡里人要客气些，他们老远跑到西安找儿子，也不容易，我们要热情接待，让乡里人进来坐下，给他们好好地查询，一一答复。"从此，西北局大门口正式设立了接待室。

　　习仲勋在担任国务院秘书长期间，还专门指定一名秘书，定期到信访接待室，协助处理人民来信来访，及时了解社情民意。同时要求将选编的重要情况，直接向毛主席、周总理等中央领导报告。

　　1954年年底，西北地区来信来访反映在统购统销中食油供应紧张，棉花、棉布购销不合理，一些地方政府强迫命令，大吃大喝，干群关系紧张等问题。这些问题有的涉及党的农村政策，有的涉及领导机关和干部的工作作风。习仲勋认为事关重大，应当专题向党中央、毛主席报告。他让秘书起草报告，并指示一定要把农村的真实情况反映给毛主席。但是，看了秘书起草的报告后，习仲勋却皱起了眉头，问道："群众不满食油供应紧张情况的实例为什么没有写上去？议事要言之有物，有理有据。"秘书显出很为难的样子。

原来，群众在来信中讲了两件事情：一是有人认为，现在食油比旧社会还要紧张，因而讲怪话说"食油4两，想起老蒋"；二是反映说，有位农民赶着轱辘大车跑运输，车轱辘因没有润滑油发出"吱吱"的叫声，这位农民气得大骂："我都没有油吃，你还叫唤啥哩！"说完就向车轱辘撒了一泡尿，发泄对食油供应政策的不满。秘书觉得，这些例子有些粗俗，不适合列举。

习仲勋说："这两个例子，虽然有欠妥之处。但它真实、生动地反映出我们地方政府在工作中存在的问题，有一定的说服力，还是加上好。"当毛主席和周总理看了报告后，非常重视，立即批示有关方面尽快解决。

在习仲勋看来，中国的老百姓是最懂得忍让的。他们能来信来访，一方面说明问题可能相当严重，另一方面说明他们还相信党、相信政府。正如习仲勋所说："不能让老百姓失望，必须给他们一个满意的答复。"

"我们当干部的万万不能站在老百姓头上。"

习仲勋虽然身居要职，但他心里却时常装着群众。在习仲勋的眼里，群众的事就是大事。

1957年的一天，在陕西视察的习仲勋受邀与省领导一块去易俗社看戏。演出结束后，正当领导们要接见演员的时候，易俗社一位老艺人却径直冲到台前高喊："毛主席、共产党解放了我，现在却有人想压制我！"整个剧场一片哗然。习仲勋愣了一下，没说什么，事情就这样过去了。第二天深夜，易俗社领导针对昨晚发生的事情，正在研究解决办法。这时，习仲勋亲自打电话来，询问昨晚发生的事是怎么处理的。社领导接过电话说："我们正在研究，还没有形成一个处理方案。"习仲勋听了顿时松了一口气。他说："那就好，我还正在为那位老艺人担心哩！这位老同志在新中国成立前受过旧社会的压迫，吃过不少苦，现在可能对某一方面的工作有意见，你们一定要妥善解决，千万不要借此再去整他！"在场的人，一下子都被感动了。

1961 年秋天，秦腔老艺人王天民到北京治病，习仲勋派秘书张志功帮助解决他的吃住行问题，并找老中医给他治病。王天民在北京一住就是半年。大年除夕，习仲勋带上夫人和孩子到宾馆去看望王天民，并特意安排和他一起吃年夜饭。席间，习仲勋举起酒杯对王天民说："过年了，你不能回家和亲人团聚，咱们今天就在一起过年吧，吃个团圆饭。"作为国务院副总理，他放弃了在自己家里过年的机会，在除夕之夜专程赶来同一位在京就医的老艺人团聚，这是王天民万万没有想到的！他感动地说："旧社会老艺人病倒了，没人过问，只能躺在破庙里等死。今天却不同，我这个老艺人病倒了，却有国务院副总理为我寻医问药，给我拜年，和我一起吃年夜饭……"说到这里，老人唏嘘不已，眼里含着热泪，嘴里还不住地念叨着："我这辈子……算是……值了！"

1985 年 11 月，时任中共中央书记处书记的习仲勋到江西考察。汽车行进中，突然遇到了堵车。前面的开道车鸣响了警笛，工作人员从车窗内伸出了两面红旗左右挥动，指挥来往车辆注意让道。路旁施工的民工和行人，来往车辆上的人，都把目光投向这个车队。习仲勋的脸色立即变得严肃起来，他说："怎么能这样呢？你们拉着警笛，两面红旗左右开弓，这样会吓着群众的，也可能会把过往的车辆挤到沟里去的。不要为保证我们赶路，影响老百姓的正常通行。我们是来基层为老百姓办事的，不是来给他们添麻烦的。"汽车在中途停车时，习仲勋快步向警车走去，亲自向警车上的同志表明了自己的意见。

习仲勋提出过一个朴实的口号，叫做"把屁股端端正正坐到老百姓这一方面"。他说："我们当干部的万万不能站在老百姓头上，如果我们的干部叫人家一看，是个'官'，是个'老爷'，那就很糟糕。"他就是这样，时常把群众的事当成自己的事情去做，心中牵挂最多的是群众的冷暖。习仲勋知道，他手中的权力是人民群众给予的，他不是群众的老爷，而是群众的公仆。只有为群众多办实事，他自己才可以心安！

"咱们应该时刻不忘自己肩负的责任，尽快把老区建设好！"

1985 年 11 月，习仲勋在江西老区视察时，去的最多的地方就是贫农家里。他走村串户，看到房屋简陋、景况不佳的农户，就径直走进去，嘘寒问暖，和他们促膝谈心。

遂川县是一个贫困的山区县，尚未脱贫的贫困户和特困户还相当多，复员军人曾宪铍一家就是较为突出的特困户。他身患残疾，妻子双目失明，孩子又小，家中缺乏劳动力，日子过得十分艰难。

习仲勋一行来到他家的那天，正刮着大风，寒风从门窗吹进破旧的小屋，直叫人打哆嗦。屋子里陈设简单、光线昏暗，孩子们衣服破旧。习仲勋望望已歪斜的屋梁和残缺不全的墙壁，揭开饭桶盖，看看吃的是什么，又摸了摸床上破旧的被子。

"老乡，"习仲勋握住曾宪铍的手说，"你们的困难我都看到了。"

"首长，您能来看我，我已经十分感动了。"曾宪铖说话还依然保持着军人的口吻。他挺起身恳切地说："我虽然现在有些困难，但日子还过得去，请首长放心。政府已经给了救济，我应该体谅国家现在的困难，搞好生产，自食其力，让生活慢慢好起来。"

"你们看看，"习仲勋转过身来对陪同的地方领导说，"他们当年不怕牺牲，支援革命；现在有困难，还能这样体谅我们的政府。咱们应该时刻不忘自己肩负的责任，尽快把老区建设好！"

习仲勋指示，要专门研究一下如何帮助像曾宪铖这样的特困户群众发展生产，尽快脱贫。而眼下，要马上帮助曾宪铖一家把房屋修缮一下，让他们一家能够在温暖的屋子里度过这个冬季。

在习仲勋的关怀下，两年后，曾宪铖家的房屋焕然一新，床上添了新的被子，孩子们身上也穿得干净整齐，一家人喜气洋洋，彻底走上了脱贫之路。

"想群众所想，急群众所急，自然就能和群众打成一片，群众没有不拥护的道理。"

1997 年 4 月，中共延安市委副书记忽培元到深圳开会，听说习仲勋就住在这里，便前去拜访。

习仲勋一见忽培元，便问："延安的铁路修通了没有？"忽培元说："修通了，每天向西安发一对客车，货运列车也不少。"习仲勋接着又问："石油和煤炭开发得怎么样？"忽培元说："原油年产量已达到 100 万吨，煤炭产量现在突破 600 万吨。"习仲勋问："延安石油和煤炭储量有多少？"忽培元说："现已探明石油储量 4.3 亿吨，煤炭储量 71 亿吨。"习仲勋听了很高兴，说："嗯，很有发展潜力。你们要注意合理开发、科学利用，要搞好环境保护。"

习仲勋接着又关切地问："延安老乡的生活现在怎么样？"忽培元说："80%以上的农户解决了温饱问题。"习仲勋说："这很不简单。你们用了什么好办法？"忽培元说："我们选择了走生态农业的路子，改变了过去单纯打坝修梯田的那种办法，生态效益与经济效益、社会效益并重，退耕还林还草，搞户包小流域治理，收到了很明显的成效。"

习仲勋对此很感兴趣，又追问道："其余20%的人打算怎么办？"忽培元说："我们开展扶贫攻坚，采取各级干部下去包村包户的办法，计划在三年内脱贫。"习仲勋说："这个办法好。就是要保证干部下基层帮助群众解决实际困难。听说现在有些地方干群关系紧张，有些干部成天高高在上，吃喝玩乐，怎么能不脱离群众？干部要下到贫困地区包村包户扶贫，想群众所想，急群众所急，自然就能和群众打成一片，群众没有不拥护的道理。"

会见结束后，习仲勋坚持要把客人送出楼门口。忽培元已走出好远了，回头时，却看见习仲勋还站在那里，不住地向他挥手。此时，忽培元的内心深处涌出一股无法形容的感激之情。

习仲勋的一生，是革命的一生，战斗的一生，为人民服务的一生。他关心群众疾苦，与工农群众、民主人士等各界朋友坦诚相见。他德高望重，高风亮节，在党内外和广大人民群众中享有崇高的威望。

最后，笔者想用摘自张俊彪先生写的纪念习老的诗歌《不朽的习仲勋》中的一段来结束此文：

从那片广袤厚实的黄土地走出来，
走过了长江黄河……
走遍了黑土地、红土地……

毛泽东早在延安宝塔山下预言：

他是中国的一位才子……

那人就是习仲勋！

布衣，草鞋，

这就是治家理国的格言；

大诚、至爱，

这就是文韬武略的胸襟；

一个人民忠贞的儿子，

他就是习仲勋。

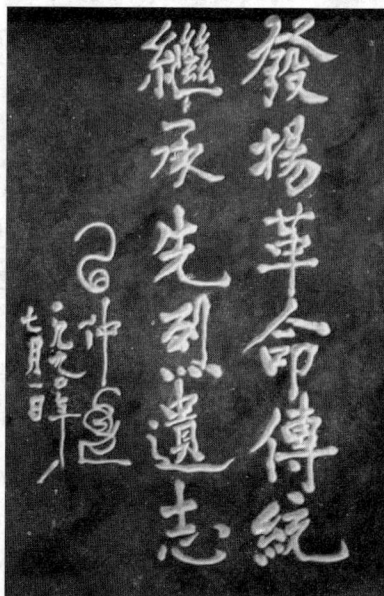

跟随少奇同志在湖南农村调查^①

李　强

一

在跟随少奇同志考察湖南农村的日子里，我从直接接触中感受最深的是他强调坚持实事求是，注重调查研究的优良作风。他不仅从理论上作了精辟的阐述，而且在实践中身体力行，为我们作出榜样。

1961 年 4 月 30 日，少奇同志在长沙县广福公社天华大队的一次干部会议上，在谈到调查研究问题时指出："要做好调查研究不容易，就是人的主观世界反映客观世界不容易。做调查研究是为了认识世界，认识世界的目的是为了改造世界，改造世界中又进一步认识世界。认识世界和改造世界要统一起来。"在考察过程中，少奇同志随时随地教育我们，公安工作要发扬毛泽东同志一贯倡导的调查研究、实事求是的作风。他语重心长地对我们说，"看来要放下架子，才能深入下去调查研究，不进行调查研究，决定出的东西是不能符合客观情况的。你们公安工作也是一样，光看文件不行，要认真进行调查研究才行"，"要把工作深入到群众中去，和群众一样，一起劳动，一起生活，才能了解情况"，并反复强调要把自己真正放在社会公仆和小学生的地位上。少奇同志亲自具体指导我们认真调查研究，彻底弄清和平反冯国全"破坏耕牛"案的事例，对

① 选自《缅怀刘少奇》，中央文献出版社 1988 年 8 月版。有删节。

我们是一次深刻的生动的教育。

情况是这样的：在天华大队的座谈会上和个别访问中，少奇同志听到群众反映，有个社员叫冯国全，给生产队养了一头牛，牛死后，从牛肺内取出一根铁丝，他就被按"破坏耕牛"罪处理了。少奇同志抓住这个案件，指示我们进行调查。经初步了解，天华大队在1957年2月间死了一头耕牛，剖腹以后在肺内发现一根3寸多长的18号铁丝。该队既未认真查明缘由，也没有向上级请示报告，就擅自作出把铁丝钉进牛肚"破坏耕牛"的结论，先后两次斗争了养牛户冯国全，但冯一直未承认此事。我们汇报这个情况后，少奇同志启发大家思考问题。他说："牛皮那么厚，牛劲那么大，铁丝怎么钉进牛肚子里？不可能吧?!"让我们进一步调查，他说："牛是反刍动物。这个事还要查，不仅要查当事人，还要问问老兽医，或者问问专门学习过这种医学的人。"随后，我们遵照少奇同志指示，组织调查组，开展了深入细致的调查研究。我们查访了剥牛的详细过程，请老兽医和兽医学校的专业技术人员专题座谈和作技术鉴定，否定了原来认为铁丝是从牛颈部直接钉到肺部，或从鼻孔插入气管而吸进肺部的两种看法，认定铁丝是混入饲料中从食道吃进胃部，又从胃部穿入肺里的。而类似吃过铁丝的病牛都有腹泻、咳嗽、食欲减退、膘体渐瘦、耕犁无力等症状，这与冯国全饲养的那头牛的病历相吻合。但是，铁丝究竟是何时、何地、怎样进入牛肺的呢？为了揭开这个谜，我们又调查了这头耕牛的来源，先后在长沙、湘阴等地找到了前后几个养牛户了解情况。这头牛是1956年10月由冯国全从湘阴县桃花乡换来的，换来以前，牛已经常泻肚，犁田缓慢。这正是铁丝进入胃部引起胃炎的病状反应。经调查桃花乡先后曾养过这头牛的三个养牛人，均未发现问题。再进一步调查，发现这头牛是1955年8月从长沙县青山乡彭炳泉家买去的，通过向彭的邻居杨福珍访问，查明牛死亡的真实原因是原牛主彭炳泉的寄子黄光辉（当时 10 岁），因年幼无知，出于好奇，将铁丝包在青草内喂入牛口的。冯国全"破坏耕牛"案完全是不调查、不研究、主观臆断所造成的冤案。这一件时过 4 年、牛易 3 地的难案，终于查清了，作出了符合实际情况的正确结论。为了挽回影响，工作组在天华大队召开了社员代表大会，为社员冯国全恢复了名誉。冯国全深受感动，他说："这次刘主席帮我申了冤，我一辈子也忘不了党的恩情。"他心情舒畅，积极劳动，当年是全生产队劳动工分最多的一个，并被群众选为社员代表。他高兴地说："我又重新享受了民主权利。"广大群众对此事极为赞颂，奔走相告，说："共产党做事真是实事求是，6 年前的事也查得一清二楚，搞个水落石出，真了不起。"

对于这个案件的调查甄别，湖南省公安厅在 1961 年 6 月写了专题报告。7 月 10 日，少奇同志在北京亲自审阅和修改了这个调查报告，针对当时偷牛、死牛问题较多的情况给公安部写了批语："此件发至县以上公安政法部门阅读，对各地几年来所有由于死牛的胃内、肺内发现铁钉、铁丝等而定为'破坏耕牛'的案件，都进行一次认真的调查，以便使我们的结论都符合实际情况……从死牛的胃内、肺内发现铁丝、铁钉等物，有些是破坏案件，但并不都是破坏案件，更不能肯定当时的饲养员就是耕牛的破坏者。"公安部就此发出通知，号召县以上公安机关组织全体公安干警认真学习和贯彻少奇同志指示。它大大促进了我们公安队伍的思想、政策水平的提高和作风的改进。我们深深感到，人民公安机关必须坚决贯彻执行毛泽东同志为公安工作制定的"有反必肃，有错必纠"的方针，在坚决打击敌人、惩罚罪犯的同时，要严防误伤好人。而要真正做到这样，就必须坚持实事求是，注重调查研究。

二

少奇同志来湖南考察时，从当时实际情况出发，精辟阐述和正确运用了毛泽东同志关于正确区分和处理两类不同性质矛盾的学说，并正确运用这一哲学原理解决实际问题，他特别强调我们要努力克服暂时的困难，要纠正"五风"对农村带来的破坏，要加强同敌人的现行破坏活动做斗争的意识。同时他指出，工作中的许多问题，往往交织在一起而容易出现错综复杂的情况，因而他一再教导我们做公安工作的，一定要严格区分和正确处理两类不同性质的矛盾。少奇同志亲自抓我省刘桂阳案件这个典型，就深刻体现了他的那种彻底的唯物主义者的思想风貌。

少奇同志来湖南之前，曾亲自审阅了湖南省公安厅关于刘桂阳案件向中央公安部写的处理报告。报告反映：我省郴县鲤鱼江电厂20岁的运煤女工刘桂阳，到国务院北门外墙上贴了有"中央首长，睁开你们雪亮的眼睛到下面去看一看""打倒、铲除、消灭人民公社"等内容的标语，被解回原籍，由郴县人民法院判处有期徒刑5年（因刘已怀孕，保释回家），湖南省公安厅认为刘桂阳到国务院大门前贴的标语有些内容是反动的，但对她本人又可按照人民内部矛盾的问题来处理。因为她本人过去一贯表现良好，看不出她与共产党在根本利益上有什么矛盾与冲突。她张贴标语的动机是让党中央和毛主席知道农村情况，使农民生活得到改善，不是以推翻人民民主政权为目的。认为可以由原判单位撤销对刘桂阳的判决，予以释放，并与她原工作单位协商，仍将她留在原单位工作，不予开除，也不要歧视，但要对她进行反复耐心的教育。少奇同志为这份报告写了批示："同意湖南省公安厅的处理意见，并建议湖南省委张平化同志亲自找刘桂阳谈一谈，一方面适当地鼓励她认真向中央反映农村情况，另一方面适当地批评她对人民公社在认识上和做法上的错误，以便引导她走上正确的道路。"这个重要批示，充分体现了少奇同志的无产阶级伟大胸怀和正确执行党的政策的严肃慎重态度。事后，遵照少奇同志的批示，由原判单位对刘桂阳宣布撤销原判，回原单位继续工作。鲤鱼江电厂、郴县人民政府的负责同志和省委第一书记张平化同志都找刘桂阳同志谈了话。刘桂阳对此非常感动，一再检查自己的错误。同时，非常感激领导对她敢于反映情况的鼓励。她还高兴地向张平化反映了她家乡在整风整社后群众生产、生活变化的情况。广大干部和群众也表示拥护和赞成，反映很好。

少奇同志来湖南后，还十分关注这个案件的落实情况。有一次，我陪同他从韶山回长沙，在汽车上，他又问到这个案件。我汇报说："关于处理后的反映，公安厅专门向省委和公安部写了报告。"他说："我看到了。"又说："根据什么判她的罪，法律有这么一条吗？无非是根据她写了反动标语。反动标语是以反革命为目的，而她跑到北京，还相信中央，这能说是以反革命为目的吗？"同时也严肃指出："她对某些问题在认识上有错误，采取的方法是错误的，但这不应该判罪。"短短几句话，分析得十分中肯透彻，令人信服。更重要的是，他那种对一个人的政治生命高度负责的精神，给了我们深深的教益。

还有一件事也很感动人。少奇同志在宁乡县炭子冲大队调查访问中，群众向他反映齐海湘案件是一起错案。他便问我们："知道这个案子吗？"并说，"群众反映是一起错案，本人被捕后不久死了。人虽死了，也应查清，作出实事求是的结论。本人死了，还有子女后代。我们要对案件负责，还要对他子女后代负责。"后来，我们专门进行了调查，查明齐海湘家系赤贫，本人做过长工，下过煤窑，得了矽肺病，1948 年加入反动会道门，为一般道徒。1959

年，齐海湘矽肺病严重，由于迷信，求神治病。同年 12 月他因反动会道门复辟活动罪被批斗后逮捕，判处有期徒刑 8 年，不久病危，在送回家的途中死亡。这确系混淆两类不同性质矛盾的错案，我们随即进行了平反纠正。少奇同志在理论和实践上为我们树立了严格区分和正确处理两类不同性质矛盾的典范。

三

　　少奇同志非常重视发扬社会主义民主和健全社会主义法制。他在湖南调查期间，经常教育我们公安人员要增强法制观念，模范地遵守法律，严格依法办事，充分发挥法律武器的作用，切实保障人民的民主权利和合法权益。他针对当时由于"五风"的影响，有些干部作风不民主，群众不敢讲真话的情况，语重心长地说："首先党内要民主，要把党内生活搞得生动活泼，心情舒畅，有话就可以讲。"

　　少奇同志在宁乡县花明楼公社炭子冲大队调查时，发现原大队总支书记王升平同志曾给他写过六封信，但他只收到两封，有的基层干部随便拆扣信件，封锁信息。他多次严肃指出："给中央写信好，不管是好人写的，还是坏人写的，中央看看也没有什么坏处"，"扣信是违法的"，"任何一个人都有通信自由，任何一个党员都有权利向自己的上级党委告状，这是宪法、党章所规定了的"。他亲切地对基层的同志们说："告状怕什么，就是告到我那里，我也不是糊涂人嘛！不会一下把你们的职都撤了吧！我还可以调查了解嘛！""真的说不假，假的说不真。""我是这里长大的，我想同这里一些人通信，经常了解下面的实际情况，你们给我一点通信自由好不好？"并诚恳地提出，"以后大家可以给我写信，也可以到北京去找我面谈。如果是为了大家的事找我的话，我出路费。我也要找一些人去北京"。

少奇同志在同宁乡县公、检、法的同志谈话中，针对当时农村中发生的违法乱纪，随意打死、打伤人的现象，严肃指出："今后不管什么人打死人、打伤人，都要受到审判，包括人民共和国主席在内。我打死了人也要受审判，你们打死了人就不受审判吗？"

少奇同志还强调制定政策法令要从促进生产和人民的需要出发。他说："马列主义的政策法令是促进生产的、人民需要的政策法令。否则，就不是实事求是的，是不好的。"少奇同志在谈到当时农村有的社员乱拿乱摸成风的问题时说："这种风是怎样出现的呢？一是社员收获的东西少了，二是刮'共产风'的影响。"他指出："三级所有制，个人所有制，都不准受到侵犯，不能动摇，一动摇人心就不安，生产就受到影响。"针对当时管理工作中的问题，他还提出："要搞人民代表大会制度，要立个法，定出什么应该做，什么不应该做，什么必须经过代表大会通过。"实践证明，他这些指示是非常中肯的，完全正确的。

少奇同志还十分关心公安队伍的建设，特别是农村基层公安队伍的建设，强调要便利广大人民群众，维护好农村社会秩序、生产秩序和生活秩序。他在湖南考察工作期间，多次强调党对公安工作的领导，加强公安队伍的建设，特别强调要把公安机关搞纯洁。他提出：公安派出所要便利群众，要把治安案件管起来，要老百姓少跑路，要公安干警多深入下去。他在临走时还再三叮嘱我们说："你们的工作要抓紧，把生产保卫好，把农村的秩序维护好。"

情感世界

周恩来和邓颖超的婚姻与家庭①

孟宪龄　谢　燕

周恩来、邓颖超毕生为中国人民解放事业和人类进步事业奋斗，是著名的革命家，他们又是举世公认的模范夫妇。

革命与事业需要无私的奉献，而家庭相对群体来说是对立的，爱情排他或曰有私。周恩来、邓颖超则把革命与爱情有机地统一起来。他们的爱情总是与革命交织在一起，经历了几十年也没有任何消减，给后人留下了宝贵的精神财富。

一

周恩来和邓颖超的婚姻完全是自主和自由的，是在互相恋爱的基础上结合而成的。众所周知，周恩来、邓颖超都不是天津人。周恩来祖籍浙江绍兴，出生在江苏淮安。邓颖超祖籍河南光山，出生在广西南宁。青少年时代，周恩来自 1913 年到 1917 年在校读书，后赴日本留学，1919 年回到天津。邓颖超是天津直隶第一女子学

---

① 选自《生活中的老一代革命家》，中央文献出版社 2008 年 1 月版。

校的学生，周、邓彼此并不相识。五四运动爆发，天津学生积极响应，站在斗争最前列的是南开中学和直隶女师的学生。周恩来、邓颖超都是骨干分子。在运动中，为了便于统一爱国行动，天津这批比较进步的学生，认为有必要建立一个秘密的团体。于是，由10名男青年和10名女青年组成了进步团体觉悟社。他俩由此相逢相识，留有的印象是淡淡的。为了免受反动政府的迫害，他们采用抽签的方式，取用一个数字作为自己对外活动的名字。邓颖超抽的是1号，按照谐音，她化名"逸豪"，周恩来抽到的是5号，"伍豪"这个名字由此而来。

其间，周恩来、邓颖超之间建立起来的友情是非常纯正的，彼此非常自然，没有任何别的目的，只是为着共同的斗争，发扬爱国主义，追求新思想，追求进步。他们这时谈不上相爱，原因有二：

1. 五四运动以后，社会上传播着各种思潮。受某种思潮影响，觉悟社社员规定了一条纪律，即在运动期间不谈恋爱。周恩来公开声称要做独身主义者。邓颖超对恋爱结婚也抱着悲观厌世的想法：在那个年代，一个女性结了婚，一生就完了。

2. 邓颖超当时只有15岁，是觉悟社20个社员中年龄最小的一个。周恩来比她大6岁，他和其他社员一样，仅把邓颖超当做自己的小妹妹。

1920年，周恩来和刘清扬、郭隆真、张若名等远渡重洋，赴法勤工俭学。邓颖超因路费无着，未能成行，到北京当小学教员。其他觉悟社成员也都各奔前程。周恩来到了欧洲，没有进学校读书，而是埋头研读马克思主义书籍，实地考察欧洲各国情况，探求救国救民的办法。他经常给邓颖超任编辑的《觉醒》写文章。为此，鸿雁传书，和邓颖超一直保持着联系。他们谈论国家和民族的命运，人民大众的疾苦，中华民族的腾飞等问题。在欧亚两个大陆上，在通信之间，增进了了解，增进了感情，特别是彼此都建立了共同的革命理想，要为共产主义奋斗。1923 年，邓颖超收到周恩来一封不同往常的信，明确地提出从友情发展到相爱。此后的几封信，周恩来的意愿就越来越明显了，甚至在一封信中，要邓颖超马上表态，作出答复。邓颖超经过考虑，于是就定约了。

显然是周恩来采取了主动。周恩来为什么选择了邓颖超？新中国成立以后，周恩来有一次在家中同侄女谈家常，谈到他的婚姻时，道出了真情：在旅欧期间，他曾经有一个比较接近的女朋友，那是个漂亮的姑娘，对革命也很同情。但是，"当我决定献身革命时，我就觉得，作为革命的终身伴侣，她不合适"。他所需要的是一辈子从事革命，能经受得了"革命的艰难险阻和惊涛骇浪"的伴侣，"这样我选择了你的七妈（邓颖超）"。

根据我们所见史料记载，和周恩来比较接近的这位姑娘，也是觉悟社的成员，并已加入"中国少年共产党"，只是她坚持要读书，不希望东奔西跑而荒废了学业，因此不再参加政治活动。后来，她果然在法国得到了博士学位，成为一名学者，回国后一直在大学任教。

旅欧期间，周恩来由张申府、刘清扬介绍加入了中国共产党。邓颖超也在 1924 年加入共产主义青年团，成为天津最早入团的团员之一，1925 年转为中共党员。

周恩来逝世 12 年以后，邓颖超缅怀周恩来，以对周恩来说话的口吻，说道："……遥想当年，有一次我突然接到你寄给我的印有李卜克内西和卢森堡像的明信片，你在明信片上写了：'希望我们两个人，将来就像他们两个人那样，一同上断头台。'我们之间谁也没有计较谁的相貌，计较性格有什么差异。为共产主义的理想奋斗，这是最可靠的长期相爱的基石和保证。"一对热血青年，其思想受了国际、国内新思潮的影响，彼此走上了共同的道路。这使二者的感情不只是相爱，而是升华到革命，为理想共同奋斗的坚定信念。这是周恩来、邓颖超相爱的最可靠基础。1925 年，周恩来由欧洲回国，担任了黄埔军校政治部主任和中共广东区委常委等职务。邓颖超在天津参加了五卅运动的全过程，遭到反动政府的通缉。天津党组织经与广东党组织协商，决定将她调离天津，前往广州和周恩来一起工作。8月8日，他们结为夫妇。不需要证婚人、介绍人，没有仪式，更没有讲排场。一些旧风习，在他们的婚礼上被彻底清除。要求民主，要求革新，要求革命，使他们紧密地结合在一起。他们的爱情在长达半个世纪的磨砺中，折射出恒久永远、灿烂夺目的光彩。

后人想要把周恩来、邓颖超夫妇在公私两方面的表现区别开来，是很困难的。他们一直把革命的利益、国家的利益、党的利益放在第一位，而把个人的事情、个人的利益放在第二位，服从革命的利益。在革命征途上不管遇到任何艰难险阻，都是勇往直前地去奋斗，不计个人得失，不计个人的流血牺牲，不计夫妇的分离。早在20世纪30年代的上海，周恩来和邓颖超一起工作了5年。其间，国民党曾悬赏30万银元捉拿中共著名领导人周恩来。为了确保他的安全，邓颖超还肩负着一项重要的任务，即当好家庭妇女，掩护好周恩来。他们随时都会身陷危险的旋涡之中，党中央机关时常受到极其严重的威胁。幸亏周恩来指挥果断，群策群力，及时采取应对措施，均转危为安。邓颖超作为周恩来的妻子，协助、配合、支持周恩来的工作，起着别人无法替代的独特作用，功绩不可磨灭。抗日战争期间，周恩来、邓颖超等人受党中央的派遣，以中共中央派驻国民党中央政府所在地代表的身份，在南京、武昌、重庆工作，抗日战争胜利后又回到南京、上海工作。此时与30年代在上海的情况完全不同。由于国共两党第一次合作的实现，他们以公开的共产党员身份，与国民党政府进行合法的斗争。从党内的分工来讲，周恩来是邓颖超的领导者，在各界友人的眼中，他们是一对久享盛名的夫妇。他们二人密切配合，夫唱妇和，相得益彰。周恩来、邓颖超在与国民党历次谈判中，显示出中国共产党在人才上的优势，新闻媒体常常用"双星交辉"这4个字来形容当时周恩来夫妇的革命活动。广大人民群众从这一对共产党员夫妇身上，提高了对中国共产党的认识。新中国成立以后，邓颖超担任了全国妇联副主席的职务。而她面临的头一个问题是：她是总理兼外交部长的夫人，如何面对这种身份，经过深思熟虑，她向周恩来提出自己的主张，凡是代表国家进行重要的国务活动和外交活动，只能以周恩来的名义，不要加上邓颖超。周恩来尊重邓颖超的独立人格，表示完全赞同。因此，周恩来出访，邓颖超从不相陪。但周恩来宴请外宾，特别是设家宴，邓颖超作为女主人，则主动出席作陪。邓颖超在做好自己的本职工作的同时，全力支持周恩来的工作。

周恩来是我党和国家的重要领导人，是中国现代史上举足轻重的人物。邓颖超则是集革命家与贤妻良母两种品格于一身的伟大女性。她作为中国共产党的一名党员，一贯努力完成党所交给的任务；作为周恩来的妻子，深知周恩来的工作对于全党、全国人民的极端重要性。她甘居幕后，甘当配角，甘于默默奉献而不露形迹，其细致周到，可以和任何一位家庭主妇相比。这样就使周恩来无后顾之忧，把精力全部集中到工作上。善于观察、剖析人的曹禺认为，邓颖超性格中既有坚强的革命性，又有女性的温柔和贤淑，刚柔相济，十分难得。周恩来、邓颖超没有共同上断头台，但是，他们确实为了共产主义信仰奋斗了一辈子。

二

志同道合是建立稳固的家庭关系的根基，而家庭生活的幸福和谐与否，则在于爱情与爱心。周恩来、邓颖超在漫长的斗争岁月里，互相关心、爱护，营造出一种亲爱、和谐、平等、协作的家庭关系。不仅如此，他们还对上孝敬老人，对下疼爱子侄。他们还出于光明磊落的爱，收养培育了许多烈士的后代。他们不仅尽到了本来意义上的家庭义务，而且超越了一般人对家庭的狭隘眼界，把家庭关系和家庭观念提高到一个新的高度和境界。

周恩来说："夫妻由恋爱中生出来的是真夫妻；若随旁人的撮弄或是动于一时感情的，这个夫妻实在是没有什么大价值。"周恩来、邓颖超是高尚心灵联盟的真夫妻，他们无私地把爱献给对方。不仅如此，他们越来越发现彼此有许多相同的爱好，这成为他们生活协调、内容活跃的一个条件。战争环境，工作需要，常常使周恩来与邓颖超分离，暂且分居两地，但他们不孤独，因为他们的心中都装着对方。在漫长的斗争岁月里，他们总结出夫妻生活的"八互"原则，即互爱、互敬、互勉、互慰、互让、互谅、互助、互学。这是他们处理夫妻关系的准则，也是共同生活的真实写照，更为我们树立了典范。周恩来、邓颖超已经故去，他们没留下子女。按照中国人的传统观念，这是一个遗憾，但这不是生理缺陷使然。邓颖超曾两次怀胎，即 1926 年和 1927 年。那时，国共两党第一次合作，广州成为国民革命的中心。婚后的邓颖超即被党组织任命为中共广东区委委员兼妇女部长，同时还要协助何香凝的工作，不久，又被指定为潮梅特委委员。面对这样重大的任务，邓颖超发现自己有了身孕。她感到十分不安，哪里有时间顾得上生孩子，养孩子。母亲远在天津，周恩来作为东征军政治部主任在汕头工作，异常紧张繁忙，身边没有可以商量的亲人。几经思忖，她认为自己才21 岁，来日方长，不愁没有孩子。于是，她上街买药，自行打胎。随后便赶赴广东东江地区，出色地完成了国共两党交给她的任务。1927 年 4 月，邓颖超再次临产，由于胎儿超重难产，那时医院还不能做剖腹手术，只能用产钳，致使男婴头颅受到损伤，生下来就死去了。后据一位日本医生检查，由于生产时的过度紧张，子宫没有收缩，有可能不能再怀孕了。后来的事实竟不幸被言中。

　　周恩来、邓颖超失去了做父母的权利，但他们以父母特有的慈爱之心，关心、培育革命烈士的后代。

　　因此，社会上盛传周恩来、邓颖超夫妇收养了别人的许多孩子，甚至说前任总理李鹏童年也曾被收养，是他们的"干儿子"。其实这个说法并不正确。事实是，李鹏的父亲李硕勋牺牲以后，他一直跟随母亲赵君陶生活。1938 年，年方 11 岁的李鹏离开母亲，到成都去上学，寄居在姨妈赵世兰家里。1939 年，邓颖超到成都指导妇女运动。邓颖超见到李鹏，征得他的同意，带他到重庆，后转送延安。此后，无论是生活还是学习，李鹏都得到周恩来、邓颖超夫妇的关怀、帮助。这对李鹏的健康成长起了很大的作用。

　　像少年李鹏这样受到周恩来、邓颖超关怀和帮助的孩子，为数较多，包括蔡和森的儿子蔡博，钱壮飞的儿子钱江、钱一平等；还有的是派往外地去工作的干部的子女。周恩来、邓颖超视不同情况，有的送往保育院，有的送到学校，每逢节假日，还把他们接到家里来，共享天伦之乐，并趁此机会，了解他们的健康及学习情况，发现问题及时帮助解决。周恩来、邓颖超给予他们的关怀胜似亲生父母所能给予的。

　　这些孩子们和周恩来、邓颖超之间，不存在社会上常见的那种收养、过继或认亲的关系，从未办理过这方面的任何手续。他们一般称周恩来为周伯伯，而称邓颖超为邓妈妈。当然也有例外，孙炳文、任锐夫妇的女儿孙维世，李少石、廖梦醒夫妇的女儿李湄，叶挺将军的女儿扬眉，就曾蒙周恩来、邓颖超的口头许愿，做他们的干爸、干妈，后来就这样一直叫下来。这是因为她们的父母和周恩来、邓颖超在长期的革命斗争中交往很深，她们又都非常聪明、活泼，格外得到周恩来、邓颖超的喜爱。尤其是邓颖超更把她们视同己出。孙维世在"文革"期间被江青迫害致死，邓颖超伤心落泪，不相信孙维世会自杀身亡。邓颖超对何洛的遗腹子刘则仁的关怀，情况稍有不同。何洛是中共早期党员，曾参加上海工人武装起义，四一二反革命政变被国民党政府杀害。何洛的妻子因生活所迫，与国民党桂系军队的一位上层军官结婚。早在 1929 年，邓颖超就托人带信给刘则仁的母亲，要她注意对儿子刘则仁的教育。1942 年，邓颖超认刘则仁为干儿子，体现了党对这位烈士遗孤的关怀，并以这种方式引导他走上革命的道路，继承先辈未竟的事业。

周恩来、邓颖超喜爱小孩是不容置疑的。但是，他们对于子嗣的作用却从来不予重视。周恩来的胞弟周同宇有 6 个子女。全国解放初，周同宇主动对兄嫂说："你们没有孩子，我的孩子多。你们挑吧，喜欢哪个，就给你们哪个。"这在中国是很常见的事。周恩来夫妇还是谢绝了。他们答复弟弟，将把侄子、侄女都当做自己的子女对待，而不给什么"名分"。事实也正是如此，新中国成立后，周恩来、邓颖超把两人工资的三分之一都用来帮助亲戚朋友，其中很大一部分是用在抚育侄儿晚辈们。

周恩来、邓颖超对于晚辈给予了无私的爱。1958 年，孙维世对周恩来的侄子周尔均说过："周伯伯、邓妈妈对烈士子女和对自己的侄儿女辈，在感情的天平上都是一样的。但他们对烈士子女的照料，比对你们更周到。在战争年代，他们把能够找到的烈士子女，大都送到延安或苏联学习，有的烈士子女还是他们派人从敌占区找来后送去的。抗战胜利后，你们到上海找到了周伯伯和邓妈妈，在内战即将爆发的情况下，他们却把你们留在了当地。从这一点就可以看出，他俩对革命后代的爱，实在是一种光明磊落的爱。"

周恩来、邓颖超经过几十年的斗争，结成了一种战友的、伴侣的、相爱始终的、共同生活的夫妇。他们把相爱融化在人民中间，融化在同志之间，融化在朋友之间，融化在青年儿童一代。因此，他们的爱情深长，永恒不变。他们的爱情高尚无私。

三

周恩来、邓颖超这对老一辈革命家，艰苦朴素，勤俭持家。他们以人们赞誉的"廉洁公仆"在全国人民心中树起一座丰碑。他们几十年如一日，一尘不染，两袖清风，代表了中国共产党老一辈革命群体的高贵品质。在我党领导全党坚决同腐败分子斗争、纯洁党组织的今天，他们是世人的楷模。

按照邓颖超的才能、资历和威望，她完全能够胜任更为重要的工作。可是在人事安排上，周恩来一向顾全大局，严于律己，不争个人的名誉地位和享受的权利。邓颖超也完全能够理解周恩来所做的安排，从不计较个人得失。新中国成立后，妇女界的一些知名人士都在中央人民政府担任重要职务。当时曾有许多人提议邓颖超出任中央人民政府委员会委员，没有被周恩来采纳；新中国成立初期定干部工资级别，组织部提议蔡畅定3级，邓颖超定5级，邓颖超的级别已经够低，送到周恩来手上，他大笔一挥，5级就变成6级了；国庆十周年，主席团成员名单原有邓颖超，也被周恩来画掉了……周恩来为什么要这样做？因为邓颖超是他的妻子。

新中国成立后，周恩来指导和批准建造楼房、桥梁道路，尽最大的努力把党中央、毛主席对人民群众的关怀送到千家万户。他与邓颖超自西柏坡进北平城后，就一直住在中南海西花厅办公，房屋阴暗潮湿，年久失修。1959年，趁周恩来出国访问的机会，有关部门对他们的住房和办公室做了必要的修缮。周恩来回京见状，严厉地批评了工作人员。他对主管人员语重心长地说："我身为总理，带一个好头，影响一大片；带一个坏头，也要影响一大片。一旦大家都学着修起房子来，在群众中会产生什么影响？"为了这件事，周恩来主动在国务院会议上作了自我批评，反省自己没有把好关，承担全部责任。

在生活中，周恩来、邓颖超以中华民族传统美德即勤俭持家、节约为生活中的座右铭。他们的行为规范是以广大人民群众的根本利益为出发点和归宿的。周恩来认为，"在个人身上节约，给集体增加福利，为国家增加积累，才能把我们的国家更快地建设成为一个社会主义强国"。事实上，早在大革命时期，新婚的周邓夫妇便开始了简朴的生活，他们将节省下来的钱支援革命运动。新中国成立后生活好多了，但他们依然如故，没有专门的餐室，用餐常在办公室内，餐桌就是会议桌的另一头。他俩规定，主食至少要吃三分之一的粗粮，每餐两菜一汤。至于服饰更是简单得很，补丁叠补丁的衣服，织补又织补的袜子，修了又修的皮鞋。周恩来常常感慨地说："这比人民群众好多了，比过去好多了，我们不能忘本啊。"简单和朴素形成了周恩来一家的风格。

周恩来节省下来的钱，较多地用在五个方面：抚养、培育烈士后代；补助有困难的同志；资助亲属；支付来开会的同志的（包括外地来的）就餐费；上交党费。周恩来的家庭已完全同党的事业、同国家、同社会融为一体，是一个伟大的忘我无私的革命大家庭。

周恩来、邓颖超对后辈的爱是严正的，按照党内生活准则给予督促和鼓励，这就是他们给予自己所爱的人的特别关照。侄女秉建下乡到内蒙古草原，他们非常高兴。两年后，当秉建穿着军装来看望他们时，却不高兴了：周恩来夫妇要她脱下军装，回到草原。侄儿周尔辉大学毕业分配在北京工作，为了照顾夫妻分居，尔辉所在单位调其妻入北京。周恩来得知后，要求他们调回淮安，并告诉他们：办事情不能首先考虑个人方面，要想到国家和人民的利益。周尔辉夫妇愉快地回到淮安。

周恩来曾明确指出："我呼吁我们的领导干部，首先是我也在内的407个人应该作出表率来。不要造出一批少爷……不然我们对后代不好交代。""秦始皇能够统一中国，可是溺爱秦二世，结果秦王朝就亡在秦二世手上。我们绝不能使自己的子弟成为国家和社会的包袱，阻碍我们的事业前进。"为了教育好后代，周恩来、邓颖超对看望他们的侄儿、侄女及其他亲属，专门制定"十条家规"，其中最重要的一条，是要他们不谋私利，不搞特殊化。对身边的工作人员也是如此要求，不准打着周恩来的招牌外出做事。这充分表现了周恩来、邓颖超对身边工作人员深层次的关爱。

周恩来、邓颖超之所以能把革命与爱情完美地统一起来，是因为他们胸中始终装着人民。为了人民的解放，人类的进步事业，他们不惜牺牲自己的一切去革命，而坚持革命又是他们的共识，是他们爱情的基石。他们的爱融化在人民中间。同样，他们也深得人民的爱戴。

天津有一座周恩来邓颖超纪念馆。为一对夫妇合建一座纪念馆，在党内是第一次，社会上也不多见。我们认为这绝不是偶然的。"古今伉俪谁堪比"，他们以自己的行动，为中国共产党的全体党员树立了模范形象，也给中华民族的优秀儿女树立了模范形象。

患难与共　比翼齐飞[①]

——任弼时与陈琮英的爱情之旅

蔡庆新

1949 年 12 月下旬一个寒风凛冽的日子，身在北京的一位中年女性收到了寄自遥远的莫斯科的一封家书。家书开头称："亲爱的英和远志并摘告远征及远远。"

家书写道：

……近来还是感觉寂寞，不过比初期要好一些，刘佳武、朱子奇每隔一天来看一次（医生嘱不要每天都来，以免会客太多，妨碍静养），此外还有朱仲丽、曾涌泉、边章五等同志来看。今天师哲等约好来看。任岳通过两次电话，因近日外面有流行感冒，不许任何人会客，故她还未能立即见面。要待流行病减退后才能来……

已经交涉好在 1 月 1 日由一个女教员送远芳来莫斯科，她们将住在红十字会中央机关（因她们的国际儿童院就是该会中央办的，也是以前的互济总会）或另旅馆，则尚未定。

天气已冷，这里不大见太阳。北京想必很冷，这里约在 −45℃，室内温度则在 20℃ 左右，故我在室内白天只穿两件单衣，晚间只盖一条毛毯即够。这些穿的盖的吃的用的都由医院供给，自己不仅不用什么钱，而且几乎可以不用自己一点东西。

---

① 选自《生活中的老一代革命家》，中央文献出版社 2008 年 1 月版。任弼时（1904—1950），马克思列宁主义者，中国无产阶级革命家、政治家、组织家，中国共产党、中国人民解放军的主要领导人。

望你们都要好好注意身体。祝你们都好。

家书末尾署名"你们的南"。

这是封极普通而又极特别的家书。说它普通，因为这是一个丈夫写给妻子和孩子们平平常常的信；说它特别，是因为此信出自于中共第一代中央领导集体最初成员任弼时之手。

这封信是任弼时入住莫斯科克里姆林宫医院不足一个月时写的。任弼时号"二南"。"南"是任弼时夫妇间的昵称，受信者是他的夫人、老红军战士陈琮英和他们的孩子们（远志是大女儿，远征是二女儿，远远是小儿子）。

今天，细细品味这封家书，人们依然能够体会到这一对革命伴侣爱情的美好与甜蜜。

他们的婚姻始终渗透了长辈的情感因素。
任弼时一出生，就决定了他的妻子将是
陈氏的堂侄女——陈琮英

严格地说，任弼时和陈琮英的婚姻始于极具封建色彩的父母之命，是长辈之间的情感因素所致。1897 年，任弼时父亲任振声的第一任妻子陈氏不幸病故。虽然他俩结婚仅一年多，尚不曾有一儿半女，但两人感情很好，使时年 27 岁的任振声万分悲痛。于是，他与陈家相约，下一代任、陈再续姻亲。这样，七年以后任弼时一出生，就决定了长大后他的妻子将是陈氏的堂侄女——陈琮英。

陈琮英生于 1902 年，不足两岁母亲病故，父亲常年在外教书，她便随兄嫂生活。因为和任弼时的这种指腹为婚的特殊关系，琮英儿时长住弼时家中——湘阴县塾塘乡唐家桥（今属汨罗市）。遗憾的是，琮英没有机会读书，本来就是靠兄嫂拉扯，生活已不富裕，

哪里还有钱读书？更何况她又是女孩子！这时，弼时家的经济状况也是一天不如一天，任振声不但要养家，还要供弼时读书。

12岁那一年，琮英到长沙北门外一家织袜作坊当了一名织袜童工。不久，弼时也到了长沙，考入一师附小，后又在明德中学、长郡中学读书。琮英虽收入微薄，但大哥达泉当时还在铁路上工作，家中无需琮英补贴，于是她就常常接济弼时一点零花钱。到底是从小一起玩大的，他们之间较少忸怩，只是弼时学业上越是不断进取，越觉得琮英应该读书。然而，现实是严酷的，琮英读书的事只得搁置下来。为此，弼时一直耿耿于怀。

1920年夏，弼时与琮英第一次分别的时刻到了，弼时要去上海外国语学校学习，准备赴苏俄留学。这一年琮英已是十七八岁的大姑娘了，明知弼时此行难料归期，却无言地支持了他的抉择，临行前，她将亲手织的两双袜子送给了弼时。

此一别就是6个寒暑。

1924年8月，弼时结束了莫斯科3年的读书生活回到了上海。他多么想回湖南老家探望父母，看看一别四载的琮英啊！但是他刚一回国就被派到上海大学教俄语，紧接着担任了青年团江浙皖区区委委员，并与张伯简、俞秀松、何味辛、邓中夏、张秋人、恽代英、林育南一起被聘为团中央宣传委员会下设的编辑委员会的编辑员，负责编辑《中国青年》和供给《团刊》《平民之友》稿件，随即参与了青年团中央的工作，筹备团的"三大"。1925年1月，中国社会主义青年团第三次代表大会召开，任弼时当选为团中央局执行委员、组织部主任。5月初，任弼时开始代理团中央总书记职务，领导共青团投入轰轰烈烈的五卅运动……

1926年2月，五卅运动高潮已过，组织批准弼时回家接琮英到上海完婚。

这天，弼时轻轻松松地买了江轮票，准备溯江而上。不料人与行李上船，忽然有同志急告：马上赴北京开会！弼时又立即下船，转而北上。

3月11日，任弼时自北京出席中共中央特别会议后回到上海。意外地，琼英已先他而至，是王一飞把她从长沙接来的。

4月，仲春时节，上海简陋的亭子间里，没有任何繁缛的仪式，没有灯红酒绿的欢宴，弼时和琼英结为夫妇。

新婚之际，陈琼英把自己，也是众多亲朋好友的担忧与不解坦率地向弼时提出。她不明白，任弼时作为追求新思潮、留学苏俄的"洋学生"，怎么会遵从父母之命坚持和陈琼英的婚约，而不去创造自己的"新生活"？弼时回答："我们不正是在创造新生活吗？"

从此，任弼时艰苦的革命生涯中有了忠实的生活伴侣。琼英则告别了长沙的织袜作坊，伴随在弼时左右踏上革命者奔波无定所的生活道路，始料不及却义无反顾。

这一年，任弼时22岁，陈琼英24岁。

白色恐怖甚嚣尘上。任弼时一年之内两次被捕，他和琼英永远失去了第一个孩子

陈琼英走出长沙简陋拙朴的织袜作坊，置身于东方大都会的租界地。繁华闹市特有的喧嚣与冷淡，市井人际的计较与疏离……开始令她感到困惑和局促。弼时非常理解琼英的心情，除了鼓励她不要畏惧，学会适应外，还训练她开始做秘密交通工作，使她的生活有了新内容。闲时，弼时也带琼英逛逛街市，熟悉环境。渐渐地，琼英感到比较自如了。

不久，北伐战争开始，弼时领导的团中央在青年工人与学生中开展策应北伐的罢工、罢课斗争，工作紧张而繁忙。有时深夜才赶回家，第二天清晨又匆忙出行。琼英不管他何时回家，都要静静地

等候，这使弼时感到特别温暖。也就是从这时起，弼时开始实施他为琮英制定的"终身之谋"——教她学文化，并且是他亲自"执教"。

1928 年，任弼时夫妇有了第一个女儿，取名苏明。初为人父的弼时特别高兴，只要有机会，就会抱她、亲她、逗她玩儿，硬硬的胡楂扎得女儿不是躲就是哭，弼时又马上把她逗笑。看着女儿挂着泪珠的笑容，弼时忍不住又要去亲她……每每至此，琮英在一旁是最开心的。多么怡然的天伦情啊！

然而，接踵而至的不幸，将眼前的一幕撕得粉碎！

这年秋，在莫斯科召开的中国共产党第六次全国代表大会闭幕，新的中央回国开始工作。留守中央工作的弼时就在这时为传达六大精神和处理芜湖市委反对临时省委风潮，奉命去安徽巡视，就在这时他不幸被捕。

党中央立即组织营救，但是，出面的还须是陈琮英。按照营救部署，要求琮英抱着褴褓中的女儿，从上海赶往长沙。哪知到了上海站才知道当日车票已售完。琮英心急如焚，为了抢时间，只得爬上了一辆拉煤的大货车。

秋夜的寒风，无情地抽打着蜷缩在敞篷车厢中的琮英和女儿，手脚被冻僵了，剧烈的摇晃还不时地将小煤块甩向她们。尽管琮英紧紧地抱着女儿，但终因孩子太小，不堪寒风的侵袭而引发肺炎夭折。

弼时得救了。但是，他们珍爱的第一个孩子却永远离开了他们。

获救不到一年，弼时再遭逮捕。

1929 年 11 月 7 日一大早，雨夹雪笼罩着大地，天空昏暗阴冷。时任江苏省委宣传部长的任弼时，准备去公共租界华德路竟业里参加江苏省团委扩大会。像平时一样，他行前告诉琮英："我 12 点钟左右回来吃午饭。"说罢，匆匆出门。

12点了，弼时未归，午后 1 点了，弼时仍未归。3 点、4点……琮英望眼欲穿地等到次日清晨，仍未见丈夫的人影。地下工作的经验与直觉告诉她：肯定出事了！她顾不得吃早饭，急匆匆赶到党中央机关。果然，李维汉操着一口浓重的湘音，心情沉重地告诉她：弼时被捕了，组织正在设法营救。

弼时这次被捕是因反帝大同盟党团书记张永和路遇敌人"抄靶子"，搜去了他携带的一个地址，敌人就此设伏，被弼时撞上。弼时先被押在捕房。受审时，他化名彭德生，自称从江西来沪谋职，因投亲地址不详，被误捕。敌人抓不到证据，恼羞成怒，残酷地施以电刑。任弼时坚贞不屈，严守党的机密。数日后，任弼时被巡捕房以"危害国家安全罪"拘留40天，关押在工部局提篮桥监狱。

任弼时被捕后，周恩来亲自布置特科全力营救。一个多月后，弼时获释。

琮英终于把丈夫盼回了家，她抚摸着丈夫后背未愈的电伤，默默地抹去泪水。这时，弼时反倒安慰妻子："没关系，很快就会好的！"

琮英第 4 次怀孕了。弼时说："孩子生下来不论是男是女，我们都叫他远志吧，希望他有远大的志向！"

1930 年 4 月，中央政治局会议决定派弼时去武汉，担任长江局委员兼湖北省委书记。5 月，弼时偕琮英同往。

轮船载着他们溯江而上。弼时身着一袭中式夹袍，伫立中板，任江风吹拂满头乌发。他深知此行迎接他的将是和上海一样的白色恐怖。大革命失败后，几年来湖北省委和武汉市委的组织遭受严重破坏，特别是近期由于蒋、冯、阎军阀战争即将爆发，为巩固后方，国民党武汉警备司令部加紧搜捕共产党及红军分子，特务遍布码头、车站。

汉口到了，弼时挽着琮英，提着小皮箱从容不迫地登上码头，前来接应的同志把他们带到贺诚夫妇主持的中共中央军委长江局办事处联络站——华中大药房。

正式接上关系，弼时便在汉口租界闹市区租赁了一处门面房住下。

以什么职业为掩护呢？弼时早已谋划好了：凭自己的一技之长充当职业画匠。他和琮英把临街的房间布置成画室模样，墙上挂着淡墨山水画，案头铺开一张未完成的肖像画。乍看起来，还像那么一回事，只是没有挂牌。

每天，琮英负责打扫画室，弼时照例外出或在家起草文件等。这样，一直到年底长江局撤销。在严酷的白色恐怖笼罩的武汉，夫妇俩就这样在敌人眼皮底下坚持斗争。

这时，陈琮英又怀孕了。夫妇俩偕行返回上海。

1931 年 1 月 7 日，任弼时出席了中共扩大的六届四中全会，数日后中央政治局决定派他到中央苏区工作。

那时，从上海到中央苏区有一条秘密交通线，很绕路。弼时只得只身前往，留下琮英在上海待产。

这是他们结婚后第一次分别。看着娇小瘦弱的妻子挺着大肚子的样子，弼时很是心疼。这已是琮英第四次怀孕了，前面三个孩子都没有活下来。他安慰琮英说："别害怕，要坚强，孩子生下后不论是男是女，我们都叫他远志吧，希望他有远大的志向！"

1931 年 3 月 12 日，任弼时离开上海 7 天后，琮英在宝隆医院生下女儿远志。出院后不久，组织上安排琮英带着女儿住到当时中共中央政治局主席向忠发家。

陈琮英怀抱女儿和向忠发的小老婆杨淑珍在一家新开的小旅馆

住下。非常时期地下工作的纪律很严，要求不许随便外出，更不许他人留宿。6月21日晚上，向忠发离开他的住所，来到这家旅店，声称待一会儿就走。到了深夜12点，琮英敲门催他走，他却说明天再走。谁知次日早上，向忠发一离开小旅店就被捕了。

向忠发叛变了。

由于向忠发的出卖，敌人随即抓走了陈琮英和出生不满百日的女儿。琮英毫不畏惧，装作农村妇女，一问三不知。后来，敌人把她关进龙华监狱。不论敌人如何审问，她就是一口咬定是农村妇女，什么也不懂，问急了，就掐一把孩子的屁股。女儿一哭一闹，敌人就不耐烦了，审讯只好不了了之。

半年多的铁窗岁月，琮英沉着，坚贞。她知道党组织一定在紧张地营救她们。最终，在周恩来布置有关部门全力营救下，琮英抱着女儿安全出狱。党中央随即安排她去了苏区。

琮英随弼时突围西征，不得不把儿子留在老乡家里。弼时率八路军开赴抗战前线。琮英把女儿送回汨罗，又只身返回延安

1932年3月8日，是弼时夫妇生活中一个值得纪念的日子。在福建长汀，他们重逢了。

弼时是很喜欢孩子的，但这次，琮英是只身来到苏区，没有把女儿带给丈夫。刚接到要她去苏区的指示时，她高兴地抱着女儿亲，想到很快就可以到苏区，在人民当家做主的地方和丈夫、女儿共同生活，她开心地看着女儿笑。然而，冷静下来，还是决定把女儿送回湖南老家。去苏区，且不说路途上的险阻，就算安定下来，那么艰苦的生活、工作和斗争，带着1岁的孩子，怎么可能？

几番思想斗争，琮英抱着女儿毅然从上海回到汨罗老家，把女

儿托付给婆母抚育。

1933年5月，任弼时被派往湘赣苏区工作，担任湘赣省委书记兼军区政委。琮英随同前往。第二年7月，中央苏区第五次反"围剿"失利。中央训令弼时等率领红六军团撤离湘赣苏区，转移到湖南中部发展游击战争，创立新的苏区，并同活动在贵州东部贺龙领导的红三军联系，想以此同红七军团的北上行动共同吸引敌人改变部署，辅助中央苏区反"围剿"作战；同时，也隐含着为准备转移的中央红军进行多方探索的任务。

1934年8月7日，南国暑热蒸腾之际，任弼时等率军开始突围西征。这时，陈琮英刚刚生下男孩湘赣不足半年，面临戎马征战无法预测的艰难险阻，她不得不把儿子留在老乡家抚养。

两年前，她和女儿分别，虽然也是怀着那份揪心的不舍，但女儿到底是留给了亲人，留在了家乡啊！可是如今，大军西去，留在乡亲们中间的儿子显然是凶多吉少啊！敌人在苏区的烧杀抢掠，那是可想而知的残酷。事实正是如此，从此，弼时夫妇再也没有见到儿子湘赣，直到新中国成立后，湘赣和许许多多当年红军撤离时留下的子女一样，音信杳无。他们是被反动派杀害了，还是患疾病死去了，还是由于世事变迁，他们根本不知道自己的身世而早已淹没于百姓中间了？谁能回答得了啊！

任弼时等率红六军团于10月24日在贵州东部印江木黄与贺龙会师，完成了中央和军委赋予的战略任务。此次征战，历时近80天，连续行军作战，跨越赣、湘、桂、黔四省敌境5000余里，突破几倍于己的优势敌军包围、堵截和追击，艰苦异常。

西征一开始，负责机要工作的琮英背着密码不离弼时左右。由于饥饿、疲劳，瘦小的琮英步子越来越慢，终于，她掉队了。幸亏，当她赤着脚倚在一棵大树下喘息之际，被负责宣传和收容的陈罗英发现了，他连背带拖地带琮英赶上了军团部的行列。弼时高兴而诙谐地感谢陈罗英："哎呀，真要感谢你啊，我丢得起老婆，可丢不起军团的密电码啊！"

1936年6月底，任弼时、贺龙统一领导的红二、六军团在胜利地渡过金沙江，翻越数座雪山之后，在川西北同红四方面军的接应部队会师。

这一段时间，弼时夫妇俩和红四方面军指挥部一同走过举世闻名的草地，这对他们夫妇来说，遇到的艰难比别人更多。因为当时琼英刚刚生了二女儿远征。前面几个孩子不是夭亡就是寄养他处，唯有这个女儿真真实实地在眼前。弼时为了照顾好妻子和孩子，行军中他缝了一条布袋，坚持把女儿背上，拄着拐杖一步一步往前行走。宿营时，弼时就给琼英钓鱼。就这样，夫妇俩相扶相携，并在同志们的帮助下，胜利地到达陕北，和红一方面军会师。

1937年七七事变，全面抗战爆发。不久，任弼时夫妇再度暂别：身为八路军政治部主任的任弼时和八路军总指挥朱德等率部开赴山西抗战前线，陈琼英再度回老家汨罗，把长征路上生下的女儿远征送回去，自己又返回延安。

1938年春，任弼时奉中央指派赴苏担任中国共产党驻共产国际代表团负责人。此番远行弼时偕妻子同往。

十几年生活在弼时的身边，十几年革命工作的锻炼，琼英这位昔日的湖南妹子已成长为一名坚强的女战士。在莫斯科，任弼时活跃在共产国际舞台上，紧张、繁忙。琼英边在党校学习，边照料弼时的生活，抚育1938年12月在莫斯科出生的小女儿远芳。

从夫妻生活上说，这是他俩自结合以来最轻松愉快的日子。步出战争的硝烟，生活在人民当家做主的和平环境中，尽管工作依然繁重，但精神上是难得的放松。工作之余，弼时时常哄小女儿欢笑，颇爱摄影的他更是常找机会把三口之家的欢乐印在相纸上，留在记忆里。

1940 年 2 月 25 日，根据中央决定，任弼时结束了在共产国际的工作，起程回国。为了革命事业，他们又一次面临与女儿的离别。不同的是，这次他们把女儿留在远离祖国的莫斯科国际儿童院。

苏联医生米尔尼科大夫给弼时检查身体，
诊断他患脑血管硬化，而且到了相当严重的程度

抗战胜利不久，内战爆发。1947 年 3 月，胡宗南大举进犯延安，任弼时夫妇再度分别。弼时协助毛泽东、周恩来转战陕北，指挥西北和全国解放战争，琮英带着小儿子远远先期转移到晋西北解放区。

这次分别时，琮英很为弼时的健康担忧。一年前，苏联医生米尔尼科大夫给弼时检查身体，确诊他患脑血管硬化，影响双目视力，表明他的病已经到了相当严重的程度。

1947 年 11 月，琮英心悬不下的事情还是发生了。一天，组织上捎信，让她到陕西米脂县钱家河去一趟。琮英带着小儿子远远从山西兴县匆匆赶来。由于紧张艰苦的转战和工作，弼时的血压又升高了，头晕目眩，他病倒了。中央安排他到钱家河静养。

这次发病，是弼时健康的一个大滑坡。这时，在解放战争形势迅猛发展中的土地改革运动出现的"左"倾错误，引起弼时的密切关注。在钱家河不足 20 天里，他对附近村落土改工作进行了全面的调查，亲自访问农民，征求他们对土改的意见，汇总分析了周边30 多个村落的基本情况。不久，他拖着尚未痊愈的病体，又赶回杨家沟出席中共中央工作会议（又称十二月会议）。在准备会议中，

弼时负责主持土地改革小组的讨论。会后，奉中央的命令，他利用1948年元旦假日，集中精力撰写《土地改革中的几个问题》，经毛泽东修改审定，在1月12日召开的西北人民解放军前线委员会扩大会议上作了讲演。

静养变成弼时又一个紧张的工作高峰。单从他作报告的样子，谁也不会感到他是一个重病缠身的人，他毕竟才44岁，正值壮年啊！只有琼英知道弼时为这个报告付出了怎样的代价。从此，她为丈夫的健康而悬起的心再没有放下。

一年后，1949年4月，中国新民主主义青年团第一次全国代表大会在北京召开，弼时亲自撰写并作政治报告。但是，由于身体过于虚弱，再也支持不住，报告只讲了一半，后半部分不得不请荣高棠代为宣读。

数月之后，弼时赴异国求医，此行只有朱子奇和刘佳武分别以翻译和医生身份随行，琼英没有陪同，留在国内照顾孩子。

弼时此次赴莫斯科治病，令琼英顿觉心里空落落的。20多年的共同生活，相濡以沫①，不管是艰苦的征战还是相对稳定的相处，琼英已习惯了弼时兄长般的呵护，尽管论年龄，她还长弼时近两岁。弼时知道琼英的心理，他尽力填补因其远行给琼英带来的落寞与孤独。他一封一封地写信，除报告病情外，更多的是叮咛孩子们要听妈妈的话，并开导琼英："寒假快到了，会很热闹的。"

就在琼英收到本文前面提到的那封信5个月后，弼时的病情基本稳定，他带着10年前留在莫斯科国际儿童院的小女儿远芳一起回国了。琼英像迎接凯旋的战士一样，率子女随中央领导同志一道接站。

---

①　［相濡（rú）以沫］语出《庄子·大宗师》。泉水干涸，鱼靠在一起以唾沫相互湿润。比喻同处困境，相互救助。

他们一家人又团聚了。

然而，健康并未给弼时以更多时间，仅仅过去 5 个月，弼时被突发脑出血意外夺去了生命。

琮英心痛欲裂，泣不成声！

几十年弹指一挥间，弼时从一少年学子到人民共和国的一代创建者，从英姿勃发到辗转病榻……哪一刻没有琮英相伴相随的身影？而今这一切恍如云烟，怎不叫琮英悲恸欲绝？

然而，琮英毕竟是在弼时影响下成长起来的共产党员。弼时去世不久，琮英就把斯大林送给弼时的吉姆 150 轿车以及弼时使用的软床、钢琴统统交还公家，就连女儿骑的自行车也不例外。她坚强地挺住了中年丧夫的沉重打击，满怀着对弼时深沉和真挚的情感，独自支撑着有 4 个孩子的家，度过了一年又一年。弼时逝世时她才47 岁，以后她又独自生活了 55 年，直到 2003 年以 102 岁高龄谢世。

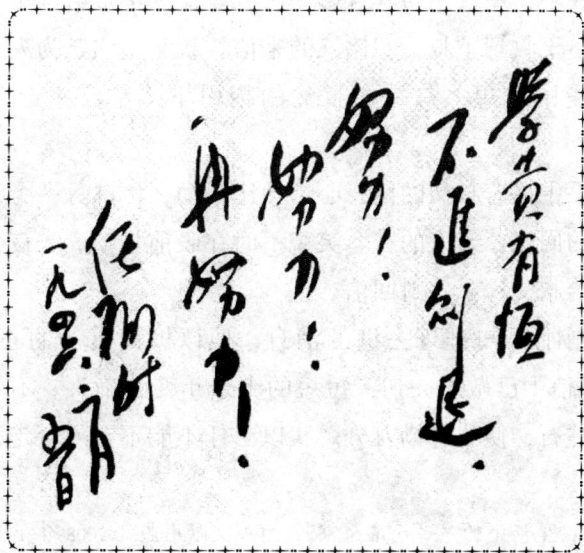

亲情、爱情、革命情①

——左权将军二三事

褚明伟　高凌云

特别的家信

随着抗日战争的风起云涌，受命为八路军总指挥部副参谋长的左权奔走于抗日前线。

1937年春天，随八路军总指挥部渡过黄河的左权在西安碰上了自己的同乡匡金美。已离家十余载的左权迫不及待地向他打听家乡和亲人的情况，并嘱他写家信时代告一声自己的消息。为了使母亲和叔父放心，左权还与其合影一张，要他一定带给家里。过了好久，左权终于收到了叔父左铭三的来信。叔父左铭三为人正直，有着强烈的爱国思想，就是在叔父的指引下，左权才走上革命之路的。

左权手中握着叔父的信，心情无比激动，仿佛每一个字都勾起了他无尽的回忆，亲人的音容笑貌不时在眼前晃动。入夜，左权坐在灯下，给叔父写了一封回信。

左权刚刚得知哥哥去世的消息，他以极其沉痛的心情诉说："从你的来信中已敬悉一切，短短的十余年变化确大。不幸林哥作古，家失柱石，使我悲恸万分。我以己任不能不在外奔走，家中所

---

① 选自《生活中的老一代革命家》，中央文献出版社2008年1月版。左权（1906—1942），中国无产阶级革命家、军事家。

持者全系林哥，而今林哥又与世长辞，实使我不安，使我痛心。"

他向叔父讲起自己选择的伟大事业："我牺牲了我的一切幸福为我的事业来奋斗，请你相信这一条路是光明的、伟大的，愿以我的成功事业报答你与母亲对我的恩爱，报答林哥对我的培养。"接着，左权表达了对祖国和人民命运的深切关怀，抒发了自己为伟大事业而奋斗的决心。他写道："'卢沟桥事变'迄今已有两个多月了，日本已动员全国力量来灭亡中国。中国政府为自卫亦已摆开了阵势，全国的战争已经打响。我们红军已经改名为国民革命军，并改编为八路军，现已改编为第十八集团军。我们的先头部队早已进到抗日前线，并与日寇接触。我今日即在上前线途中。我军已准备着以最大的艰苦斗争来与日本周旋，因为在抗战中，中国的财政经济日益穷困，生产日益低落，在持久的战争中必须能够吃苦，没有坚持持久艰苦斗争的精神，抗战胜利是没有保证的。"

后来，总部到达洪洞县时，总是惦念母亲的左权在行军和战事之余，又给母亲写了一封长信。

在信中，他以无比愤怒的字句，控诉了侵华日寇的种种暴行："在被日寇占领的区域内，日军大肆屠杀、奸淫掳掠、烧房子……实在痛心，有些地方全村男女老少被全部杀光，这就是集体屠杀；有些地方把人全部捉来活埋活烧；有些地方的青年妇女全部被捉去，供其兽行……日寇不仅要亡我之国，并且要灭我之种，亡国灭种惨祸，已降临到每一个中国人民的头上。"接着，左权又对母亲表达出他对国民党政府不依靠群众、压迫群众进行片面抗战的路线表示出极大的忧虑。信中写道："现全国抗日战争，已进入到一个严重的关头，眼见抗战的失败，不是中国军队打得不好，而是政府政策上的失败。我们曾一再向政府建议，并提出了改善的良策，可他们都不能接受。这是中国抗战的危机，如不能改善上述这些缺点与错误，抗战的前途是黑暗的、悲惨的。"

信中同时还热情地宣传了中国共产党坚持抗战的决心："我们不管怎样，我们是一定要坚持到底的！"左权向老母亲接着说："我真心希望家乡的人民能够武装起来，能够成为抗日中的一支劲旅，我们家乡的民众，素来是顽强的！"

最后，左权在信中讲述了华北民众拥护八路军的情景："广大的老百姓都唤着'八路军是我们的救星''只有共产党在，我们才能过上好日子'，这使我们更加决心与华北人民共艰苦，同生死。我们全军的广大将士，都有一个决心：把日寇彻底消灭光！"

十几年没有通家书的左权，一写起来，除了简单的问候之外，通篇都是抗战、杀敌。作为八路军副参谋长的左权真正把对亲人的亲情，升华为一片浓浓的爱国情。整日牵挂儿子、侄儿的母亲与叔父，收到左权的这两封家信之后，不仅眷念之情愈甚，且更为他矢志抗日救国的言辞大义所感动。

悠悠妻女情

哪有父母不疼爱儿女的？

连续几个月全神贯注地投入破袭战的紧张准备和部署的左权，已经很久没有见到女儿小北北了，心里十分想念。这天，他终于抽空在一个窑洞里和母女俩见面了。

左权高兴极了，他一会儿把小北北高高地举过头顶，一会儿又贴近小北北的胸口，一会儿用胡子轻轻地扎扎孩子的小脸蛋儿，一会儿又用指头逗着她玩儿。可是，当左权回头看到妻子刘志兰的时候，发现她紧绷着脸，转身背对着他，一声不吭。此时她正为左权这久都不来看看母女俩而生气。

"把孩子给我！"突然，志兰大声喊了一句，冷不防从左权手里夺走了孩子，吓得小北北"哇"的一声哭了。左权问："志兰，什么事使你不高兴呀？"一肚子闷气的志兰好半天才冒出一句话来："你还想着来看我们母女俩？"

左权心里明白，这段时间，妻子是够辛苦的了。鬼子来"扫荡"，她在山沟里东躲西藏，吃不好，睡不安，还拖着这么一个小北北，能不担惊受怕吗？左权轻轻接过孩子，坐在炕边。志兰的心有些软了，但还是冲着丈夫说："你心里没有我们母女，快把孩子给我！"左权把小北北放在妻子身边，默默地在屋里踱了几步。忽然，他发现炕旁边放着脏尿布，就捡起来到河沟里洗干净。回来后又给小北北喂米汤。

志兰仍绷着脸，可这时候气已经消了一半。左权想说几句安慰的话，可又不知从何说起。沉默了片刻，还是左权打破了沉默："志兰，你知道吗？最近刘邓指挥一二九师粉碎了日军四千余人对辽县、榆社以南地区的'扫荡'，消灭鬼子两千多，打了个大胜仗！"接着又说，"志兰，还有，你担心鬼子会糟蹋庄稼，我们把庄稼都运走了，一粒也没被鬼子抢走，全都保护下来了！"志兰听后，故作生气地瞪了左权一眼，笑了。

左权考虑到破袭战马上要开始了，志兰和小北北随总部指挥机关行动有诸多不便，就和志兰商量："志兰，现在情况紧急，为了安全，你带上小北北随同张如心等同志先一起回延安吧！"起初志兰怎么也不肯，可又拗不过左权，只好答应。临行前，左权抱着不满百日的小北北合了个影。他请了一位挑夫，护送志兰母女到黄河边，自己却因公务极其繁忙，只送到村口就转身了。

刘志兰回到延安，先后在保育院、中央研究院和党校三部等单位工作和学习。左权总是注意在政治上勉励她，对她担心因孩子拖累，影响自己的进步的心情表示理解。左权在信中设身处地对志兰说："自北北在你肚子里慢慢长大，从出世到现在，我深感做妈妈的艰难，过去我没有经验，看得简单。母亲为自己的子女实在牺牲得太多了。"左权还多次写道："远隔千里身处敌后，确实爱莫能助，你当能原谅我！恳切希望你为我及北北珍重自己的身体及自己的一切。"

在左权的帮助下，志兰心情逐渐舒畅起来，学会了正确处理工作、学习和家务的矛盾。

后来，志兰曾后悔地写信给左权："想到你对我眷眷的恩爱关心，使我更加地内疚。那次向你发牢骚，刺激你，使你难过，但你能体会到我的心境，除去解释与安慰之外，没有一句责难，使我非常惭愧，希望见面之日得到你的原谅！"

士兵的贴心人

左权是八路军的一位高级将领，但他平易近人，在士兵中素有"贴心人"的美誉。他对战士的进步非常关心。他既是战士的好首长，又是战士的好朋友，战士们与左权建立了深厚的革命友情。

1937 年 4 月，小战士景伯承来到左权身边当警卫员。那天中午，他奉命赶到前敌总指挥部向左权报到。他原以为首长一定很严肃，自己没当过警卫员，也不知道怎么个干法，心里不免有些紧张。但没想到一见面左权就拉着小景的手，亲切地问："小鬼，十几岁了?"小景点一下脑袋轻声说："17 岁了！"左权点点头，接着问："读过几年书?"左权这样平易近人，使小景的紧张情绪一下缓和了，他放大胆子说："7 岁那年读过 5 个月，可现在全丢光了！"左权听罢笑了，他站起来，走到桌旁，一边坐下，一边招招手，说："来，你认认看！"说完，拿起笔来在纸上写了几个字。

小景犹豫了一下，终于在左权的鼓舞下走了过去。他从左权的手里接过纸来一看，一个字也不认识，霎时，小景的脸涨得通红。

"你念一念！"左权又鼓励他。小景头上直冒汗，支吾地说道：

"左副参谋长，我不认识！"说完，他心里"怦怦"地跳个不停，以为左副参谋长一定会批评他。不料，左权却轻轻地笑道："来，我来教你念。"说完，他用手指指着这几个字，"无、产、阶、级"，一个一个地教他念。念完后，又教小景认字的方法，并交代他如何挤时间学习。小景怀着感激的心情，离开了办公室。

第二天小景送开水时，鼓着勇气把刚学会的 7 个字默写在纸上，交给了左权。左权见到小景写的字，高兴极了，连连说："不错、不错！聪明的小鬼！"然后又拍拍他的肩膀，摸了摸小景的头顶鼓励道："好好学习，长大了多为革命做工作！"

1940 年，小景调走了，新调来的警卫员郭树保也同样受到了左权的关怀。小郭报到之后，左权问了他的一般情况，接着亲切地说道："小鬼，这里工作不多，你要抽空好好学习！"小郭早就盼着有这样的机会，高兴得一个劲儿地点头。

从此，左权天天教小郭认字，还抽空考查他的学习成绩。有一天，小郭做完了勤务工作，被左权叫了过去，小郭走到左权跟前说："首长，你叫我？""对，今天让你写 8 个字，我念一个，你写一个。"前几个字还算顺利，当左权念到第八个"难"字的时候，真把小郭给难住了。小郭想了好一阵，怎么也想不起来，急得一个劲儿地用笔敲脑袋，脸上也开始发起烧来。他想了好一阵子，实在是想不起来了，只好忐忑不安地低下了头，等着挨副参谋长的批评。

可左权并没有批评他，还和蔼地笑道："低着头干什么？你先把已经写好的字检查一下，看是不是全对！"小郭看了老半天，自己一个错字也没看出来。这时候，左权用手指点着，耐心地一一指出哪几个对，哪几个错。然后说："今天写了 8 个字，错了两个，一个没写出来。好比 8 个敌人，打死 5 个，打伤两个，一个逃跑了！那可不行，打仗要在战场上全歼敌人，学习也一样，学几个要巩固几个，要消灭难字'拦路虎'，小郭今后可得用心学习啊！"

　　小郭被左权诲人不倦的精神感动得热泪盈眶，激动地点点头。从此，小郭有空就学，不会就问，不到半年光景，在左权的帮助下，小郭学会了700多个生字，摘掉了文盲帽，可以看书读报了。

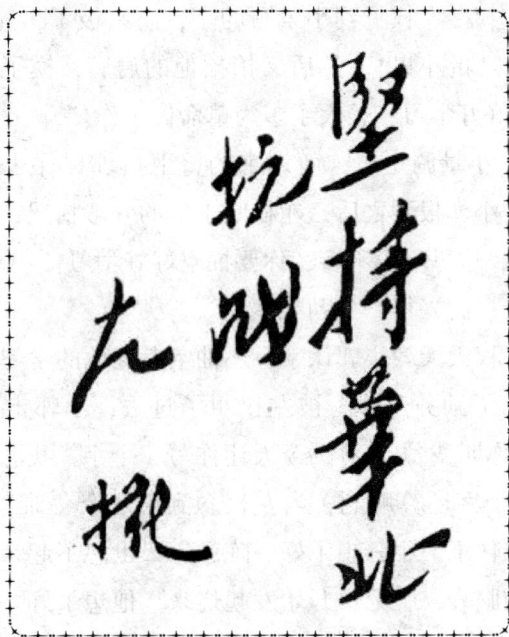

坚持华北
抗战
左权
题

陈锡联的赤子情①

熊廷华

　　开国上将陈锡联戎马一生，历经百战，以善打硬仗、恶仗、险仗著称，创造了一个又一个战争奇迹。新中国成立后，他长期身居要职，一度主持中央军委日常工作，这在开国上将中是绝无仅有的。

　　陈锡联一生充满传奇，但他很少向人讲述，许多往事鲜为人知。他与母亲的感人故事也充满传奇色彩，从一个侧面可折射出这位将军不平凡的人生。

相依为命　乞讨度生

　　1915 年 1 月，陈锡联出生于湖北省红安（原名黄安）县彭家村一户农民家庭。年幼的陈锡联从小就经受生活的磨难，品尝到人生的艰辛。

　　8 岁那年，陈锡联父亲身患重病。为给父亲治病，母亲几乎变卖了所有的家产。可是不久，父亲还是离妻别子，撒手人寰。父亲去世前，把母亲拉到身边，指着自己的女儿，声泪俱下地说："为了全家人活命，就把她送人吧……"

　　几天后，两个人贩子拿着几块大洋来领人。陈锡联知道了，跪

---

　　①　选自《生活中的老一代革命家》，中央文献出版社 2008 年 1 月版。陈锡联（1915—1999），中国无产阶级革命家。

在娘面前哭着说："娘，姐姐还小，不能把她往火坑里送啊……"

儿子的话就像一把利剑穿过母亲的心，陈母搂着一双儿女，呼天抢地："你们都是娘身上的肉。不是娘狠心，实在是活不下去了，娘没办法啊！"

此时陈家债台高筑，上无片瓦，下无立足之地。母亲忍痛含悲，让人领走女儿，草草地安葬了丈夫。

迫于生存，母亲带着陈锡联走村串户，踏上了艰辛的乞讨之路。

母亲怀有身孕，行走不便，陈锡联为母亲找了一根竹棍。母子俩走走歇歇，穿行在黄安农村的村头巷尾。

一次，母子俩来到一家高墙大院。还未近门口，财主家的看门狗就汪汪大叫，扑了上来。母亲赶紧把陈锡联搂在怀里，用自己羸弱的身躯保护儿子，自己却被咬了几口，衣服被撕破了，千辛万苦讨来的一点残渣余羹撒满一地。母子俩抱在一起，悲伤痛哭。

后来遇到这样的情况，陈锡联总是先躬下身子，装作捡砖块。毕竟狗怕人七分，狗见状也就逃之夭夭。

陈锡联就这样开始保护母亲。

山里人讲究禁忌，女人拖着大肚子在门前乞讨是不吉利的事。每到一个村头，陈锡联先把母亲安顿好，然后背着千层袋，手捧一个缺了边的破碗，独自一人进村。

开始，母子俩仅能勉强填饱肚子，后来哪里有红白喜事，他们就去哪里。这样，每天还能有一点剩余。

白天易过，晚上难熬。遇上好心人，能在屋里落个脚，歇上一夜。多数夜晚，母子俩是在屋檐下、柴堆旁、山崖边度过的。一天晚上刮起大风，接着大雨如注。母子俩全身湿透了，在凄风苦雨中熬了一夜。第二天，陈锡联高烧不退，为了不让母亲难过，他仍强打精神去讨饭。

那年月，穷苦人太多。遇到大旱年景，常常饿殍遍野。母子俩在八里湾一农户家借宿，晚上东家的两个孩子又哭又叫，说肚子饿了，吵着要吃饭。主人又吓又哄，但无济于事，孩子依然是哭个不停。凭直觉，陈锡联认为这家缺米断炊了。第二天清晨，母子俩把身上仅有的半袋杂粮留在了东家，悄然而去。

陈锡联跟着母亲走遍了黄安的村村寨寨，说不清洒下了多少辛酸，多少热泪。

不辞而别　投奔红军

10 岁那年，陈家租种了地主一亩多田。从此，陈锡联给地主放牛，当长工，一干就是几年。

黄麻起义后，彭家村一带有红军游击队活动。12 岁的陈锡联想去参加红军，娘死活不肯，她拉着陈锡联的手说："锡联呀，你年纪还小，怎么就能离开娘呢？有你在家里，娘讨饭也有个帮手啊！"

陈锡联暂时放弃了参加红军的念头。

1929 年秋天的一个下午，14 岁的陈锡联给地主耙田种麦，突然肚子疼痛难忍，倒在地上。地主看见了，骂他偷懒，挥鞭痛打。陈锡联忍无可忍，猛地伸出头，对着地主冲过去，将地主撞了个仰天倒地。

陈锡联知道自己惹下大祸，躲在山上。他咽不下这口气，想去找红军，但想到自己一走，母亲一定会很难过，一直犹豫徘徊。

天渐渐暗了下来，地主在陈锡联家破口大骂，并要陈母交出儿子。陈母跪在地上苦苦哀求，被地主狠狠地踢了两脚。

陈锡联在山上苦苦地熬了一个晚上，这一夜母亲也是提心吊胆。

第二天，陈锡联遇见一个小伙伴在山上放牛，听说了母亲的遭遇，他肝胆欲裂，毅然决然地要小伙伴告诉他娘，自己当红军去了。

在离家十余里的肖家寺，陈锡联找到了红军特务营。红军战士听了他的诉说，十分同情。可他年龄太小，部队不肯收留他。

陈锡联铁了心，非要当红军。他跟着红军队伍，走了几十里山路，一直追到麻城夫子河。

陈锡联的行动深深地打动了红军，红军破例收下了这名小战士。

陈锡联这一走就是几十年，这一走从根本上改变了自己的人生。

母亲听说儿子当了红军，又喜又忧。一有红军队伍开到村子里来，她就前去打听儿子的下落。由于她不知道队伍的番号，很难知道儿子的确切消息。

1930 年 4 月，红军团长徐海东身负重伤，左腿连中两弹，一颗穿过皮肉，一颗卡在大腿骨和小腿骨之间。因失血过多，徐海东昏迷不醒，被送进红军医院。

红军医院设在彭家村附近的岩洞里，地方小、条件差、药品奇缺。徐海东伤势过重，需长期精心治疗，组织上决定将其安置在附近一户红军家属家里。

陈母得此消息，主动要求护理徐海东。

闲谈中，大娘听说徐海东认识自己的儿子，更加亲热。她像照顾儿子一样，每天给徐海东烧水、端饭，把家中仅有的一只老母鸡杀了，煨好鸡汤送到徐海东床前。

徐海东由衷地感叹道："大娘，您对我真是比对儿子还亲啊！"

"红军亲连亲，肉连肉，本来就是一家人嘛！"

徐海东的伤口痛得十分厉害，医生都明白那是子弹还在里面的缘故。他们想给徐海东动手术，但没有麻醉药，迟迟不肯动手。

陈大娘知道红军没有药品，四处找中医求处方，从很远的山上挖来中草药，捣碎敷在徐海东伤口上。这样虽能减轻徐海东的痛苦，可子弹未取出来，不能消除病根。

最后，医生不得不用手术刀切开伤口，用镊子在血肉里扒来扒去，钳出了一颗血肉模糊的子弹。

陈大娘不敢看医生动刀，她跑到山上采药去了。她回来听说子弹取出来了，又夸医生，又赞护士，称赞红军都是钢铁硬汉。

取出子弹，徐海东感到一身轻，第三天就能拄棍下地了。不知是他体质好，还是大娘采的毛根草起了作用，徐海东的伤口愈合得很快。一个月后，他回部队去了。

黄安战役后，徐海东特地找到任连长的陈锡联："我的这条腿，是你娘给的！"

部队南征北战，东进西返，陈锡联万分想念母亲。他听说家里分了几亩田，母亲不再受地主欺压，感到满心欢喜。

陈锡联作战勇敢，进步很快，不久提升为团长。由于张国焘的错误领导，红军反"围剿"失败，被迫撤离鄂豫皖根据地。

战事险，军情急，部队晚上悄然转移。陈锡联不能回家看望母亲，心底里却在呼喊："母亲，我会回来的，儿子一定会回来看你！"

红军边撤边战，血流成河，损失惨重。陈大娘逢人便打听儿子的下落，都说死活难料。可她坚信：儿子命大，一定会回来的！

英名传全国　慈母寄家书

抗日战争爆发后，红军改编为八路军。22岁的陈锡联任129师先遣团——769团团长，率部开赴晋中抗战前线。

日军气势汹汹地直逼太原。陈锡联看到日军飞机在头上掠过，气愤地说："别在天上逞凶，有种下来和老子较量！"

根据敌机起降规律，陈锡联估计机场就在附近，于是他派出小分队侦察敌情，发现离驻地十来里的阳明堡果然有日军的机场。

陈锡联当机立断，决定拔掉这颗毒牙。

当天夜里，陈锡联带着部队悄悄奔向阳明堡。机场上死一般沉寂，20多架飞机整整齐齐地排成三行，静静地停在跑道上。

战士们多少天来就盼望打鬼子，现在看到敌机就在眼前，又惊又喜，又气又恨："龟儿子，平时在天上耍够了威风，现在该我们来收拾你了！"

机枪、手榴弹带着愤怒一齐倾泻，一团团火光映红了夜空。

战士们不知道机舱里有敌人，熟睡的敌人惊醒了，慌乱之中开枪还击。日军的机枪固定在机头上，射程有限。战士们越打越有劲，边打边喊："这一架是我的！"也有的往机身上爬，站在机身上扫射。

正打得火热，日军守卫队号叫着赶来，双方在20多架飞机间展开白刃战。

情况紧急，陈锡联大声喊道："往飞机肚子里扔手榴弹！"

战士们被提醒了，纷纷往机舱里扔炸弹，只听得"轰轰"几声，两架飞机燃起大火。

火趁风势，风助火威。顷刻，机场上腾起熊熊大火。20余架飞机相继燃烧起来，弥漫成一片火海。

这次出其不意地夜袭日军机场，是129师出兵第一战。胜利的捷报通过电波很快传向全国，令海内外的华人为之振奋。国民党的官员开始根本不相信："就凭八路军几条破枪，能打飞机？"然而从10月20日起，一连几天阳明堡不见飞机起飞，太原等地也没有日军飞机轰炸，他们不得不暗自称奇。

不久，全国许多报纸刊登了八路军夜袭日军机场的消息和陈锡联的照片。家乡的乡亲看到了，拿着报纸告诉陈锡联的母亲。

日夜想念儿子的母亲看到儿子的照片，高兴得泪流满面。她久久地凝视着儿子的照片，不停地呼喊："锡联，娘好想你啊！"

她请人给儿子写信，鼓励儿子再接再厉，多打鬼子。但她不知道儿子的确切地址，将信直接寄到129师。半年后，这封信才转到陈锡联手上。

烽火连三月，家书抵万金。接到母亲的来信，陈锡联热泪涟涟，这是他多年来收到的唯一的一封家信。由于战事频繁，陈锡联无法与家乡通信。他把这封信装在贴身口袋里，每当思念母亲时，就拿出来看一看，仿佛慈母殷切的目光、温情的话语伴随着他。

战地重逢　彻夜长谈

到了！大别山终于到了！1947年8月27日，已是晋冀鲁豫野战军第三纵队司令员的陈锡联，作为刘伯承、邓小平的主力之一，一路艰难跋涉，回到了当年浴血奋战的鄂豫皖根据地。

这时，蒋介石急忙纠集了33个旅从四面八方扑来，企图将刘邓大军就地歼灭或挤出大别山，以确保首都南京侧翼的安全。

大别山上烽火连天。战斗在皖西的陈锡联，很想前去看望18年未曾见面的年迈母亲，因军务缠身，不能如愿。

"当年的红军回来了！"大别山人奔走相告。饱受苦难的大别山百姓终于盼到了这一天。白发苍苍的老母、望穿秋水的妻子和记不清父亲面容的儿女，三三两两拥向连队，寻找自己的亲人。

12月9日清晨，陈锡联率部从皖西转战到麻城，开始平汉战役军事行动。在司令部里，他正和纵队几位首长研究行动方案，参谋处处长喜笑颜开地进来向陈锡联报告："司令员，好消息！你娘今天就要来看你了。"

陈锡联将信将疑。

参谋处处长把在电话里知道的情形告诉大家，司令部里一下子活跃起来。

原来，前一天六纵行军经过黄安，找到一位农民当向导。那人带了几里路后，就要求回去，说家里有一位 63 岁的母亲，哥哥当红军走了 18 年。战士们问他哥哥的名字，他说出了陈锡联的名字……

当天上午，一辆手推车停在三纵司令部门口。陈锡联还未上前相认，大家先把母亲围得紧紧的："大娘，您看，哪个是您的儿子？"

母亲被围在热情的人们中间，一面自信地说："认得，我认得！"一面用急迫的目光搜索着人群。

"娘！"陈锡联不由得喊了一声。母亲搜寻的目光停住了，不顾一切地扑上前去，双臂把儿子紧紧抱住。

母亲眯着眼睛，上下打量儿子，不时用手摸着陈锡联的前额，语气哽咽地说道："高了些，胖了些。"

陈锡联让母亲坐在椅子上，母亲抓着儿子的手，只是流泪。

"不要哭了，应该高兴才是。"儿子安慰道。

刚强的母亲马上擦干了眼泪。

当天晚上，母子俩一夜没停嘴，一幕幕往事在记忆里复活了。

"我走了以后，你怎样生活的呢？"

"要饭。去年，听说光山、潢川有了红军，我要着饭去找你，差点儿病死在路上。"

"这一回，您可听说我回来了？"

"你们一过黄河，传说就有了。有人说你当了大官，带着千军万马，我半个月没睡着觉。10 月间，叫你弟上黄安打听，光听说你回来了，可不知道在哪儿。"

陈锡联见时候不早了，本想劝母亲好好休息，可母亲越说越有劲儿，一点疲倦也没有。

就这样，母子俩谈了整整一个晚上。说不尽的酸甜苦辣，道不完的悲欢离合。

第二天一早，院子里就挤满了人，连附近的老百姓也来了，来看母子重逢的喜事。陈锡联有意识地把话题一转，从衣袋里掏出一张相片来："这是媳妇和孙子。"

老太太接过相片，朝门口移动了几步。借着明亮的晨光，她目不转睛，喜得嘴都没有合上。

"你需要什么呢？"

"看见了你，什么都不要了。原先我发愁，死了买不上一口棺材，现在不想这个。只等解放了，过上几年好日子。"

部队晚上有行动，陈锡联准备派人送走母亲。黄安一带是不稳定的新区，他想起母亲昨天讲的，由于自己当了红军，家中两个叔叔被惨杀的情景，就和母亲商量："把你送到安全的地方去住吧！不然的话，我的心里不踏实呀！"

老太太拍着胸口："就这条老命，我不怕。过去他们来找我的事，我说我儿子是哪年哪月当红军走的，你们要捉就捉我吧！反正日子过不下去了。现在，你们回来了，他们害了我，乡亲们也不依！"

临别之际，陈锡联掏出身上仅有的两块银元，塞给母亲，母子俩你推我让。

铮铮铁骨的硬汉双眼含着热泪说："娘，你收下吧！这是儿子的一点儿心意。"

母亲收下了儿子的两块银元，依依不舍地离去。

坟前哭母　感天动地

新中国成立后，陈锡联兼任重庆市市长和川东军区司令员。环境安定了，他将母亲接到重庆。

母亲在重庆住了不久，就对儿子说："我身子骨还硬朗，享不起这个清福。现在解放了，日子一天比一天好，我还是得回去。"

陈锡联琢磨着母亲的话，对母亲道："如果有什么不周到的地方，你尽管对我讲。只要能办得到，是娘的话，我都听。"

老人摇了摇头："我在农村干活惯了，不做点事心里难受。"

陈锡联了解母亲的心，派人将娘送回红安。

1950 年，陈锡联调到北京，任中国人民解放军首任炮兵司令。毛泽东对陈锡联说："军队要提高战斗力，必须增加火力和机械化的分量。我军虽有一点炮兵，基本上还是靠普通兵作战。争取 10 年内接近世界上先进国家的水平，你的担子可不轻呀！"

当时，中国大地尚未彻底解放。国民党军虽败走台湾，但残渣余孽仍在负隅顽抗；国际敌对势力也对我虎视眈眈。陈锡联明白炮兵是现代战争之神，于是全力以赴地投入人民军队的炮兵建设。

1953 年，陈母病危。接到消息，陈锡联风驰电掣般奔往故乡红安。

在低矮的房间里，老人躺在病床上奄奄一息，喘着长气。陈锡联双膝跪在母亲的病床前，拉着母亲的双手，涕泪满面："娘，我来看你了！"

母亲微微睁开眼睛，看了远道而来的儿子一眼，安详地闭上眼睛，放心地走了。

按红安当地的习俗，父母去世后儿子应在家守孝七七四十九天。陈锡联日理万机，不能久留。他守在母亲的灵柩前，通宵达旦，未等母亲灵柩安葬入土，就动身起程了。

临别前，他把娘的后事托付给弟弟和乡亲，跪在母亲灵柩前叩了三个头，然后起身向乡亲们鞠了三躬，匆匆踏上了返京的路途。

斗转星移，一晃就是几十年。1997 年 6 月，李先念主席纪念馆开馆，已是年过八旬的陈锡联又一次来到魂牵梦绕的故乡。在乡亲们热烈欢迎的场面过后，他深情地来到母亲长眠的地方。

44 年了，母亲坟上的树草岁岁枯荣。白发苍苍的陈锡联仍保持军人的身姿，毕恭毕敬地肃立在母亲坟前，声泪俱下，字字句句倾吐肺腑之声：

娘，我想你呀！可是现在我喊你，你已经听不到了。你经过千辛万苦，才把我这个儿子养大。后来我背着你出去参加革命，依靠了党，可你还留在家里继续受苦。这 40 多年来，我一直未能回来侍奉你，实在对不起你老人家。你长眠的这块土地，我曾经生活过14 年。我在这里放过牛，伴你一起去讨过饭，我知道这是块好地方。如今，你可以安息了！娘啊……

山水同悲，松涛共鸣，在场的人无不为之动容。

两位警卫见陈锡联年事已高，为防止出现意外，连扶带拉，挟着陈锡联走下母亲的坟墓。

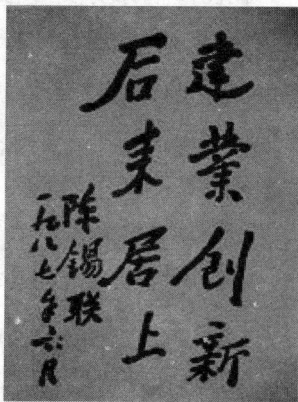

陈赓的"孩子"情结①

于长治　柴秋芬

　　说来令人难以置信，指挥千军万马叱咤风云②、面对流血牺牲都不曾眨一眼的陈赓将军，竟对小孩子们的事情有着条件反射般的敏感，每当听到小孩子的哭声或得知孩子遭遇不幸，他就食不甘味，夜难成眠，并常常让他想起长征路上那不堪回首的一幕。时间久了，便在他心中拧成了一个牢牢的"情结"，并由此演绎出许多关爱、呵护孩子们的故事。

"孩子，我对不住你"

　　1935 年 8 月下旬，红军长征到达了人迹罕至的茫茫草地。一天傍晚，雨雪交加，时任中央纵队干部团团长的陈赓，由于腿伤发作，疼痛难忍而掉队了。在泥泞中陈赓艰难地迈动着每一步，陪伴他的只有那匹弱不禁风的瘦马。

　　蓦地，陈赓发现前面几十米远处有一个 10 多岁的小孩，也在一步三晃地挪动着。走近一瞧，原来是一个十一二岁的小红军。只见他从头到脚都沾满了泥水，圆圆的小脸已看不清模样，唯有那一双大眼睛黑白分明，透着令人爱怜的稚气。显然，这孩子是一步一

---

　　① 选自《生活中的老一代革命家》，中央文献出版社 2008 年 1 月版。陈赓（1903—1961），中国无产阶级革命家、军事家。
　　② ［叱咤（chì zhà）风云］形容声势威力很大。

跛地在行军。

"喂！小鬼，你过来骑一会儿马。"陈赓看着小红军那一双几乎完全赤裸肿胀的脚板，每走一步都留下缕缕血丝，心疼地说。

小家伙看看陈赓胡子拉碴的面庞，便一只手拄着木棍，一只手摆了摆，拿出一副若无其事的神态，微笑着用一口浓重的四川腔回答："老同志，我年纪小，体力可比你强多了，还是你骑上走吧，我能坚持！"

"不行！上去，骑一段再说！"陈赓几乎是在下命令。可小家伙还是不听，只见他用手抹了一把脸上的泥水，紧走几步说："噢！老同志，你这是要我跟你的马比赛啊。那好，你放开马，咱就比一比吧。"说罢他腰身一挺，做出一副准备起跑的样子。

陈赓一把按在了他的肩头，连声说："不能跑！不能跑！"说着忍不住喉头一哽，眼泪几乎要掉下来。他知道，在这个时候，小家伙要是用力一跑，说不定一跛跌下去就会再也起不来了。照理说，一个十一二岁的孩子，还在父母身边绕膝撒娇，可我们的小红军战士现在却承受着连成年人都难以承受的磨难，表现出与他年龄根本就不相称的意志，有的甚至说不定会静悄悄地离开这个世界。想到这里，陈赓的心一阵又一阵地猛烈颤抖，他深情地抚摸着小家伙的头，温和地说："那好，我们就一块走吧。""不行！老同志还是你先走，我还要等我的同伴呢。"小家伙的口气不容置疑。"是吗？"陈赓被小家伙的倔强感动了，只好帮他理了理衣帽，又从自己挎包里取出一小包用油纸包着的青稞炒面塞给他。"你把它吃了吧。""不！不！不！"小家伙一连后退了好几步，说着用手一指身上的干粮袋："你看，还好鼓哩。我年纪小吃得少，比你剩得还多咧。"说罢做了一个鬼脸，又后退了几步。

陈赓见几次无法说服小家伙接受自己的帮助，只得挥挥手说："那好，我就先走一步，在前面等着你。"他艰难地爬上马，独自向前走去。

走了没多远，陈赓越想越觉得不对劲：小家伙的神态，鼓鼓的干粮袋……"不好！小家伙在骗我。"陈赓一阵心悸，立刻调过马头，顺原路找去。但一切都晚了。小家伙倒在那里已经奄奄一息，一双眼睛睁得大大的，见到陈赓嘴角还闪出一丝微笑，随之便停止了呼吸。

陈赓不顾一切地扑过去，抱起小家伙连连呼叫："你醒醒！你醒醒……"这时他的右手突然触到一个坚硬的东西，扯下干粮袋一看，里面有一根尺把长焦黑的牛膝骨，还有一些杂草、野菜……哪里还有一粒粮食！

陈赓的心被撕裂了。他轻轻放下小红军的身体，然后用手猛烈抽打起自己的脸和脑袋，热泪横流，仰天长啸："陈赓啊，陈赓！你怎会这么糊涂，这么轻信，眼看着一个小阶级兄弟倒在了你的跟前。孩子，你才十一二岁啊！孩子，我对不住你！……"这一天，陈赓不知道自己是怎样离开那个地方，又怎样到达宿营地的。晚上辗转反侧，彻夜未眠，因为一闭上眼睛，那个小红军就出现在他的面前。从此，他便在心中刻下了一个永远难以磨灭的印记：只要一听到孩子们的哭叫、吵闹，就会产生一种无法控制的情感，就会马上清晰地闪现出草地上那令人战栗的情景；同时，也使陈赓对孩子像慈父般的关切，有一副慈母般的心肠……

"孩子，咱们是一家人"

1941 年春，陈赓被任命为八路军第一二九师第三八六旅旅长。不久，又担任了太岳纵队、太岳军区司令员，率部浴血奋战在华北抗日前线。

这年春夏之交，陈赓的部下朱向离受命打入日伪内部开展秘密情报工作。他的一双儿女便托付给陈赓照料。陈赓对这姐弟俩关怀备至，就像对待自己的亲生子女一样。他常对周围的同志们讲：孩子们的亲人为革命深入虎穴，异常艰险，我们一定要照顾好他的孩子，让他少一些后顾之忧。

两年之后，姐弟俩到了上学的年龄，陈赓就亲自派人送他们去延安八路军抗属子弟学校学习。不久，陈赓参加整风学习也来到延安。从此，每到节假日，他就把姐弟俩接到自己家中，亲切地对他们说："孩子，你们的父母不在这里，我和傅涯（陈赓夫人）就是你们的爸爸妈妈，咱们就是一家人。"可那时陈赓的家实在不像样，一孔小窑洞里，只有一张用木板和树棍支撑起来的小桌子，一把快要散了架的粗木椅子，还有用两张长凳和几块木板搭起的床。姐弟俩一来，把桌子椅子全用上拼起来当床，一家人也得横过来挤在一起才能睡觉。即使这样，陈赓总是乐呵呵地说："一张床，桌子椅子全用上，全家睡在一起就是好！"姐弟俩也从这简陋的窑洞里获得了无穷的家庭温暖和父母之爱。

那时，延安的生活非常清苦，主食量少，副食紧缺，人们难得吃上一次像样的饭菜。陈赓为了给正在长身体的姐弟俩增加点营养，自己总是省吃俭用。哪怕是从别人那里得到几个糖果、水果，也要留下来给孩子吃。一天，陈赓带姐弟俩去食堂吃饭，赶上了吃难得的千张卷肉。"好吃吗？"看着孩子们狼吞虎咽吃得那么香，陈赓心里乐开了花。"好吃！""那就多吃些！"陈赓说着就把自己一多半饭菜倒进了孩子们的碗里。姐弟俩见陈伯伯还没吃几口，不好意思再吃，陈赓就劝道："吃吧，吃吧！你们正在长身体，还要学习，应该多吃一些，一家人哪有讲客气的。"

然而，不幸的是，几年之后，姐弟俩的父亲——那位秘密情报战线上的功臣，虽然在日伪的狼窟虎穴中历险如夷，却在新中国成立的1950年初，被四川绵阳国民党残匪杀害，姐弟俩成了烈士遗孤。从此，陈赓对他们更加疼爱，无论上学、参加工作，还是结婚成家，陈赓都像对亲生儿女一样细心过问和安排。在他们成长过程中，有了成绩就表扬鼓励，有了缺点也会严肃批评教育。这种十几年严父慈母般的关怀，使姐弟俩健康成长，同陈赓结下了胜似亲生父子般的感情。1961 年 3 月 16 日，当陈赓不幸逝世的消息传出，姐弟俩悲恸欲绝，哭成了泪人，连连呼喊："陈伯伯，我们离不开你呀！"

陈赓不仅关怀生活在自己周围的孩子，就是对陌生的普通群众的孩子，同样也有着深厚的情感。一次他正在指挥所里运筹战事，突然被不远处阵阵小孩的哭声所惊扰，立刻显得心神不宁，坐卧不安，马上派人去查问。当得知那个小孩是因为生病而且饿得很了，家中又没有粮食吃才不断啼哭的，陈赓马上让警卫员把自己的米袋子给老乡送去，为孩子煮稀饭吃。不一会儿，孩子不哭了，陈赓才安定下来。老乡带着孩子对陈赓千恩万谢，陈赓搀扶着他们说："老乡，咱们是一家人，用不着谢。等将来革命胜利了，咱们就会过上好日子，这个时间不会很长了！"

"孩子，你们要做红色的艺术种子"

1947 年 11 月，陈赓率领由太岳军区野战部队改编而成的解放军第四纵队主力，挺进到平汉线，开展大规模的铁路破袭战，以策应挺进大别山的刘邓大军。12 月 18 日，四纵一举攻占了豫中重镇驻马店，并接管了镇上的"卫华"豫剧科班。在那里有 60 多个卖身学艺讨饭吃的小娃娃，年龄大的十几岁，小的才七八岁。当天晚上，孩子们对解放军进行了慰问演出，剧目是《麻疯女》。演出结束后，陈赓来到后台，高兴地抚摸着扮演麻疯女的小女孩的头说："呵！就是你演的麻疯女？演得很不错嘛！今后不要卖艺讨饭了，共产党收留你们！我叫陈赓，你叫什么呀？"

小女孩在这伙孩子们中是年龄比较大的一个，有十六七岁，是这个娃娃剧团里的主要演员。她一边怯生生地回答："我叫刘云彩。"一边瞪大眼睛上下打量着陈赓，心中暗想："这就是陈赓？这就是大人们经常传说的能呼风唤雨、撒豆成兵、日行千里、夜走八百、专门劫富济贫，打得日本鬼子鬼哭狼嚎，连国民党的飞机大炮都奈何不了的陈赓？他哪有三头六臂呀，竟是这般朴素、亲切、和蔼。"

陈赓对大家说："你们要好生唱，将来我要领你们去给刘、邓首长和陈、粟首长们唱，胜利后我还要带你们给毛主席、朱总司令唱！"这些娃娃虽然并不全懂得刘、邓、陈、粟是谁，可一听到毛主席、朱总司令都高兴地热烈鼓掌。

陈赓又拉过一个小男孩，弯下身子亲他的脸，并问道："小鬼，胡子扎不扎？"小男孩挣脱手，欢快地跑开几步，连声说："扎！扎得很！"引起人们一阵哄堂大笑。这笑声，驱散了多年压在孩子们头上的恐惧、戒备和苦难，把陈赓和他们融合在了一起。

这时，陈赓又高声对十一旅旅长吩咐道："李成芳，你们不要只顾看戏娱乐，要把他们当成我们自己的孩子，培养成一个革命的娃娃剧团！他们就交给你们了，生活要搞好一点。两个人一匹骡子，你们旅不够，我给你们调。还要派文化教员来，让娃娃们学文化、读历史、学打仗。要给他们做些合体的衣服，像个小战士。也要在剧团建立个支部，指导他们排些新节目，学学扭秧歌，不要总演那些才子佳人，鼓不起战士们的劲来。"

陈赓交代完工作，又对小演员们讲："孩子们，你们要努力学习，现在咱们部队虽然还比较困难，生活也比较苦，但你们只要不开小差离开部队，将来革命胜利了，你们就是红色的艺术种子。不然，离开了部队，这种子可就当不成喽！"说着，陈赓拍拍这个孩子的肩，又和另一个孩子讲上几句话，使剧团的气氛一下子活跃起来。孩子们嬉笑、跳跃着，那种多年来他们已失落、被忘却的天真活泼的童心逐渐展现出来，开始体验到家的温暖和被亲人宠爱的真情。

这时，一些孩子拍着小手，齐声对陈赓喊道："陈伯伯，我们一定听您的话，好好学习，好好演戏，当好革命的种子！""那就好，我也相信你们一定会做到！"陈赓也鼓掌回答。

从此，陈赓哪怕工作再忙，也总要抽空到娃娃剧团转转，看看孩子们的排演，检查督促他们的学习。还常常把一些罐头、自来水笔、笔记本等战利品送给在学习和艺术上有进步的孩子，作为对他们的鼓励和教育。孩子们也总盼着陈赓到他们剧团来。有时陈赓率队去前方打仗，孩子们就眼巴巴地盼着他早点凯旋，好向他们的陈伯伯汇报自己所取得的成绩，听陈赓给他们讲有趣的战斗故事。

一天，陈赓又来到剧团，看到有几个孩子不注意学习，就严肃地说："你们为什么不好好学习，还想做旧戏子吗？你们不努力学习，就是对革命不负责任！一个人不学习，不长进，就要落后，就不能承担起革命交给你们的任务，一定得要注意哟！"挨了批评的孩子心里充满着愧疚，可没有一点儿反感，从心底里感激陈伯伯对他们严父般的关爱。

还有一次，陈赓刚刚打完仗返回驻地，就安排剧团到部队去演出，小演员们却缠着陈赓很想和他多待几天。陈赓便风趣地说："孩子们，我也想多留你们几天，可在前方打仗的时候，我许了愿，哪个部队打得好，缴获多，就让娃娃剧团到哪个部队多慰问几场戏。所以，你们马上下去演出，是代表我们去还愿哟！部队在前方用枪炮打仗，你们去演出，鼓舞士气，就是用节目去打仗！担子也是很重的哟！"

陈赓一席话，深深启发教育了孩子们，大家高兴地说："陈伯伯把我们作为一支队伍派上了战场，我们再也不是卖艺为生的苦娃娃，是为解放全中国而作贡献的文艺战士。我们是应该多到部队中去，多为广大官兵演出！"

在陈赓的关怀教育下，娃娃剧团经常活跃在部队之中，深受广大官兵的欢迎，孩子们在实践中也渐渐成熟起来，逐步确立起文艺为工农兵服务、为革命战争服务的世界观和人生观。

"孩子，要当一个真正合格的共产党员"

刘云彩是娃娃剧团里的主要演员，陈赓自然对她给予更多的关心和爱护，对她教育要求也更加严格。

自打穿上军装那一天起，刘云彩就像变了一个人似的。她积极参加团里的各项活动，像一个大姐姐一样事事处处走在大家前头。她经常带病坚持排练和演出，主动要求多到部队去为官兵服务；她刻苦学习文化，对业务精益求精，在舞台上塑造一个又一个感人的艺术形象，受到部队官兵的喜爱和称赞，成为娃娃剧团中小有名气的人物。更为可喜的是，小刘在思想上也积极要求进步，不久，她便向党组织提出了入党的请求。

然而，近一年时光过去了，刘云彩的愿望并没有实现。她有点沉不住气了，对组织产生了一些不满情绪。一天，她见到了陈赓，便抹着眼泪向陈伯伯哭诉，感到受了很大委屈，说了一些埋怨的话。

面对刘云彩满面阴云和红肿的眼睛，陈赓不仅没有安慰她，反而很严肃地说道："孩子，你知道什么是真正的共产党员吗？共产党员的称号是用个人的本领交换来的吗？你以为当了主演就可以把剧团的成绩都记在个人的功劳簿上吗？如果是这样，我这个当司令员的就应该把部队打胜仗的功劳都包揽过来，有这样的道理吗？做工作多，工作重要，也不要摆架子，工作做好了，也不能表现自己，更不应该同组织讲价钱！"陈赓这一阵机关枪似的"扫射"，弄得刘云彩先是一脸愕然，停了哭泣，接着便深深低下了头。

陈赓这些话很有针对性，因为他是先了解了情况后才这样说的。他见刘云彩情绪平静了下来，就缓和了一下口气，接着说："孩子，你的进步是明显的，做了不少工作，取得了不少成绩，但共产党员的要求更高呵！我希望你要当一个真正合格的共产党员，要继续努力，创造条件，只要条件具备了，党组织会接纳你的。将来你入党的时候，我可以做你的介绍人，李旅长也可以嘛！但问题的关键还是你自己要创造条件，绝不能灰心泄气。不但组织上要争取入党，更要争取思想上入党……"陈赓的一番话，说得刘云彩连连点头，心胸豁然开朗。她从陈赓的话中不仅找到了自身的差距，也明确了前进的方向。她从心底里感激陈伯伯这种慈母严父般的关爱和要求。

随之，陈赓又同她分析了今后努力的方向，反复叮嘱刘云彩要在思想品质、工作作风、艺术水平、吃苦精神、团结合作、尊重领导和同事等方面起骨干和模范作用，以自己的实际行动积极向党组织靠拢，争取早日成为一名合格的共产党员。

临走时，陈赓又对剧团指导员交代道："你们要把娃娃们当作红色种子来培养，对他们既要严格要求，又要热情帮助。在业务上要下大力气，不能让他们仅满足于娃娃水平；在思想上革命根子要继续扎深扎牢，促进他们不断进步；在生活上要向连队看齐，培养艰苦奋斗的作风……"陈赓还要求剧团领导，要注意培养孩子们全面发展，要让孩子们练习打背包，练习背着背包行军，学习做群众工作等。最后陈赓语重心长地说："在我们领导下：一定要让这些孩子们成长为革命战士，千万不要将他们培养成娇小姐、娇少爷。

你们的责任很重呵！"

陈赓的话，使剧团领导感到字字重如千钧。是啊，党把几十个孩子交给他们培养，这是多么大的信任，而要使孩子们个个都成为革命战士，任务又是多么光荣而艰巨！他们暗自下定决心，一定不辜负上级领导的嘱托和信任，一定要像陈司令员那样，无微不至地关心和爱护这些孩子们，带领娃娃剧团健康成长！

1949年春天，陈赓受命率领部队渡江作战，而组织上决定娃娃剧团留在中原，不能随军南下。听到这个消息，娃娃剧团一时间悲声四起，孩子们抽泣着向各级领导四处恳求，要随大军过江。为此，陈赓不得不在百忙之中抽空到娃娃剧团，向孩子们进行说服教育，要他们服从命令，安心工作和学习，在后方继续锻炼提高。最后陈赓深情地说："孩子们，我也不想离开你们，可这是形势发展的要求，我们都必须服从革命的大局，等全国革命胜利了，我会派人来接你们……"

部队临出发前，陈赓再一次带着许多物品来到娃娃剧团看望孩子们，亲昵地同孩子们握手道别。孩子们则紧紧依偎着陈赓，在一片啜泣声中不断请求："陈伯伯，您要多保重！陈伯伯，祝愿您早日凯旋！""陈伯伯，千万不要忘记来接我们！……"陈赓听着一一点头，心里就像开了锅似的阵阵沸腾，惜别的泪水也忍不住从眸子里滚滚而下。

家事乡情

刘伯承二三家事[①]

成国银

刘伯承元帅是我党杰出的无产阶级革命家、军事家，他在日常生活中，有许多平凡而真实的感人故事。

战火中的伴侣

1935年6月，中央红军与红四方面军在四川懋功胜利会师，中央派代表团来慰问红四方面军时，时任川陕苏维埃政府邮电局副局长的安徽姑娘汪荣华站在欢迎的人群中，她小声地问同伴："那位戴眼镜的将领是谁？"别人告诉她，那就是刘伯承。英姿勃勃的刘伯承给了汪荣华一个很好的第一印象。

碰巧，同年8月汪荣华因工作需要，从川陕省委调总参谋部四局工作，与刘伯承接触的机会多起来。1936年夏天，红军第二次过草地，行军途中，刘伯承总是把自己的马让给病号骑。一次，汪

---

① 选自《生活中的老一代革命家》，中央文献出版社2008年1月版。刘伯承（1892—1986），中国无产阶级革命家、军事家，中国人民解放军创建人和领导人。

荣华掉队了，刘伯承便让她骑自己的马，但汪荣华很感激地辞谢了，坚持步行赶上部队，这使刘伯承很受感动。就在这以后不久的一天，宿营之后，刘伯承磨了墨，工工整整地写起小楷来，大家还以为他又在抓紧时间"练"毛笔字呢！他连写了几页，写完后挺认真地装进信封，封了口，交警卫员黄兴正，还叮嘱他务必当面交给汪荣华。

一天傍晚，刘伯承和汪荣华在河边散步，边走边谈，很是融洽。汪荣华后来回忆说，她当时确实有一些顾虑。那时汪荣华才19岁，她对精通兵法、能征善战、才华横溢的刘伯承颇为敬佩，但自己是一个普通的农家女儿，仅上过3年学就参加了红军，无论在知识还是在资历上，和刘伯承都有很大差距，不般配。刘伯承得知汪荣华的顾虑以后，笑着说："这有啥关系嘛！我家也是穷苦农民，祖父还当过吹鼓手。为此，我考秀才还被县官赶出了考场。正因为我们穷，活不下去，才起来革命，才走到一起来了。只要我们有共同的理想，志同道合，就能结成革命伴侣，永远战斗在一起，白头到老。至于文化水平低一点，可以学习嘛！你自己努力，我尽力帮助你。"

汪荣华听了这番推心置腹的谈话，心中的顾虑消失了。从河边回来时，对刘伯承说："你眼睛不好，给我写信还用毛笔写那么工整的小楷，多费神呀！"

刘伯承诚恳地说："生平第一次写这样的信，当然要严肃认真！"

1936年秋，刘伯承和汪荣华结婚了。婚后不到一周，中央来电要刘伯承去保安。这天拂晓，部队正在山沟里前进，忽然前面响起了枪声，先头部队已经和敌人接上了火。刘伯承立即率部队投入战斗。正在这时，一架敌机从他们头上呼啸而过，一颗炸弹就在他们身旁不远处爆炸了。当时部队很乱，牲口到处乱跑，刘伯承正在绑牲口的缰绳，弹片打在了他的屁股上。汪荣华为刘伯承包扎好伤口后，才发现自己的绑腿也渗出了血。刘伯承微微抬起身，抚着汪荣华的伤口，深情地说："革命，没有不流血的。现在我们都负伤了，还得忍住伤痛继续前进！"就这样，他俩互相搀扶着，一步一步地，终于爬上了山坡，走到了安全地带。这次共患难的经历，给他们留下了永久的纪念，那些留在身上的弹片，成了他们忠贞爱情的历史见证。

严格的家教

刘伯承和汪荣华先后生养了6个子女：3个儿子，3个女儿。

大儿子刘太行，出生在战火纷飞的抗日战争时期。

刘太行是在河北省武安县上的小学，和老乡的孩子在一起学习。当时部队驻地冶陶镇离学校有20多里，刘太行平时就寄住在学校或老乡家里，只有星期六才回家一次。刘伯承对大儿子说："要知道，你爸爸、妈妈在小时候都是穷孩子，家里就是苞米、红苕，糠菜要当半年粮啊，读点书就更不容易啦！眼下正是艰苦的时候，我们要永远和人民在一起。太行，你要像太行山一样，长在群众的怀抱里。"太行牢记父亲的教导，严格要求自己，和同学关系相处得很好。当时老师和同学都不知道太行就是刘伯承的儿子。

刘伯承常教育子女，要做普通的一员，不能有优越感。那是1962年，刘伯承看到教育部的一份通报，说在一所高等学校调查，10名成绩优秀的学生中，8名是高级知识分子的子女，一个是农民的儿子，一个是"右派"的子女，唯独没有干部子女。刘伯承看后给大儿子太行写信说："要警觉干部子女生活优裕，自由散漫，看不起人，不认真学习而自甘落后。"在信的末尾，他还问儿子："谦虚谨慎的习惯在培养否？要坚持啊！"

刘伯承有感于三国时吴国战将吕蒙发愤上进的典故，给二儿子取名刘蒙，小名叫"阿蒙"，希望他刻苦自励，长大后能成为国家的有用之才。

刘蒙上学以后，在学习上缺乏脚踏实地、持之以恒的毅力。于是刘伯承把自己年轻时用于自勉的话写在一张书签上，让他妈妈送给他。书签上写着："人一能之，己十之，人十能之，己百之。"汪荣华向刘蒙解释这句话的意思是说，一个人可以用勤奋来弥补自己的不足，取得良好的成绩，就像大自然把果实公正无私地奉献给劳动者一样，这就是"勤能补拙"的道理。

刘伯承经常对子女们说："我们打仗是扫清舞台，将来建设的戏要靠你们来唱，唱戏要有真功夫！"

有一次，刘伯承问起刘蒙在学校专业学习成绩，刘蒙挺得意地告诉父亲："只有一门4分，其余全是5分。"

没想到父亲竟然生气地说："你总是不能用最高的标准要求自己！要记住：'取法乎上，得乎其中；取法乎中，得乎其下。'"在刘伯承的严格要求下，几个儿女都各有所长，两个儿子和一个女儿从事科学研究，一个儿子学外文，两个女儿当医生。

普通人的生活

刘伯承经常对汪荣华讲，战争年代，我们与人民群众同甘苦，现在虽然解放了，我们的国家还很穷，人民生活还不富裕，我们的生活，特别是子女的生活，要大体同人民群众的生活相当。

长子刘太行结婚时，想把家中的储藏室腾出来暂时住着，但他自己又不好意思开口，便叫母亲给父亲讲。没想到刘伯承听后坚决拒绝，说："咱们早就约定好了，孩子工作了，结婚一律在外面，不准在家。太行是老大，应该带这个头。"太行原以为家中的客厅和卧室是不能腾出来的，而又脏又暗的储藏室应该不成问题吧。没想到爸爸却拒绝了。但是，太行理解父亲的一番苦心，主动做好未婚妻的工作，在单位分的一间 9 平方米的房子里安了新家。

一些长期跟随刘伯承工作的同志有些看不过去，大家在民主生活会上给他提意见，说："首长太不近人情，子女结婚是大事，暂住一下家中储藏室都不让，太过分了吧。"

刘伯承笑了笑，给同志们讲了清朝八旗子弟的故事，并说清朝的灭亡和这群昏庸的败家子不无关系。说到最后，刘伯承将话锋一转，说道："我们是共产党人，我们的孩子是革命的后代，是国家的主人，也是普通的人。我的住房是国家给我的，供我生活办公之用，孩子成人之后就是社会的一员，他们再住我的房子，就情理不通了，试问老百姓能行吗？什么叫特殊？这么办了就叫特殊，群众知道了，就不服你共产党的气，就不服你刘伯承的气，你说的话，鬼才会听呢！"

对子女生活上严格要求是刘伯承的一贯作风。一次，二儿子刘蒙陪同父亲到南京，就餐时，刘伯承坚决让他到普通工作人员那儿去吃，并对接待人员说："这样对他本人有好处。"

二女儿刘弥群结婚时，家里原打算星期天喜庆一下。不巧那个星期天弥群单位组织义务劳动，刘伯承笑着说："家规依从国法，个人得服从组织啊！"坚决支持女儿去参加义务劳动，这天女儿婚事的喜庆就免了。

刘伯承年过八旬时，长孙出世，孙子一直在母亲工作单位的幼儿园里长大，在普通学校上学，和其他孩子一样，他口袋里揣着月票，脖子上挂着钥匙。

刘伯承及其家庭就是这样，过着与普通人一样的俭朴生活，体现着一个不平凡革命者的平凡。

滕代远的教子之道①

孟　红

老一辈革命家滕代远，曾因与彭德怀一起领导平江起义而闻名中外。新中国成立后，他曾担任过多年铁道部部长，为新中国的铁路事业作出了重要贡献。滕代远有 5 个儿子，长子久翔、二子久光、三子久明、四子久耕、五子久昕，除长子外其他 4 个儿子先后参军。本文所介绍的，就是他鲜为人知、耐人寻味的教子之道。

——

1950 年秋的一天，一个 20 岁出头的年轻人来到铁道部门口要进去找人，被门卫拦住了。门卫见他一身土里土气的乡村装束，就盘问道："你是哪里来的？找谁？"年轻人被问得低下了头，怯怯地回答："我找父亲。""你父亲是谁？""滕代远。"

原来，这个大老远跑来的年轻人就是滕代远在老家务农的长子滕久翔，他听说父亲在北京当上了铁道部部长，就千里迢迢来到北京探望。几经周折，久翔终于见到日夜思念的父亲。久翔是滕代远离开家乡考入常德师范的前一年出生的。参加革命后，滕代远一直没有机会回老家看望亲人，如今见到阔别 20 余年、已经长大成人的儿子，心里自然是分外高兴。

_____

① 选自《党史纵览》2008 年第 5 期。滕代远（1904—1974），中国无产阶级革命家。

在儿子暂住北京半个月的日子里，滕代远在工作之余抽空陪伴儿子游览了北海、故宫、颐和园等名胜古迹，父子俩相处得十分愉快。浓浓的亲情、首都秀丽迷人的风光以及优美舒适的环境，使得久翔萌生了一个念头。

一天，久翔央求滕代远说："爸，你现在是铁道部的部长，给我在北京找个工作吧？这样，咱父子俩也好经常见面。"

滕代远沉思片刻后，亲切地对儿子说："按父子情分，我应该在北京为你找个事做。但我们是共产党的干部，只能全心全意为人民服务，绝没有以职权谋私利的权力。再说，你在老家上有祖母，下又有爱人和孩子，你不能把这副担子交给当地政府和人民啊！你应该回去。"起初，遭到父亲婉言拒绝的久翔心里很不是滋味，可是，转念一想，觉得父亲的一番话还是有道理的。最后，他接受了父亲的意见，心满意足地准备回家去。

临行前，滕代远还反复叮嘱儿子："家里有什么困难，要自己想办法克服，不要打着我的牌子给国家添麻烦。"久翔记住了父亲的教导，不住地点头允诺，铭记在心。

二

1943 年 11 月，滕代远的二儿子久光出生了。结婚多年喜得贵子，夫妇俩都格外兴奋。然而，当时正是抗日战争由战略相持转入战略反攻阶段，是战争最紧张最艰苦的时期，日本侵略军不断对根据地进行大肆"扫荡"和"蚕食"，残酷的斗争使他们无暇顾及自己的孩子，只好把久光寄养在老乡家里。

新中国成立后，久光被接回北京，进了一所干部子弟学校。在学校里，久光过着无忧无虑的生活，很少与外界接触，使得这个在农村长大的孩子有点忘乎所以了。滕代远认为这样下去不利于孩子的健康成长，于是就把孩子转到一所普通学校。但久光淘气贪玩、不好好学习的毛病仍没有改掉。为了更好地教育孩子，滕代远夫妇决定把久光送到秘书的老家，一个山区农村去锻炼。他对秘书说："这孩子自从跟我们进了城，衣来伸手，饭来张口，像生活在蜜罐里，不知农民的辛劳，不了解庄稼是怎么样长出来的。这样下去，容易变成资产阶级的纨绔子弟。我看还是让他到老解放区，找个庄稼汉当老师，学学种地，吃点苦才好。"

就这样，久光被送到河北唐县的一个山区农村。一下子离开了北京城，来到这么艰苦的农村，久光开始很不理解父母的一番苦心。滕代远就经常抽时间给孩子写信，鼓励他努力学习、参加劳动。后来由于上学不方便，滕代远又让久光带上户口到黑龙江省依兰县姥姥家，一边上学一边参加农业劳动。其间，滕代远仍然时常抽时间给儿子写信，关心儿子的学习劳动，以期健康成长。

离开了父母，久光逐渐增强了独立性，并有了可喜的变化。北方的高粱米把他养得非常结实，劳动的汗水改变了他贪玩的恶习，学习成绩也渐渐好起来。

3 年之后，久光被父亲接回北京。1962 年夏秋之间，台湾国民党当局叫嚣反攻大陆。久光激于保卫祖国的义愤，自愿放弃继续升学的机会，报名参军，成为一名光荣的海军战士。滕代远格外高兴，表示热情支持，他觉得自己几年来在久光身上倾注那么多的爱和教育没有白费，他语重心长地对久光说："你这样做是对的，人民共和国需要你们捍卫。人民解放军是个大熔炉，希望你在熔炉里锻炼成才。"

三

1964 年夏，滕代远的三儿子久明高中毕业，正埋头苦读，准备参加高考。

一天傍晚，滕代远夫妇谈论起家里的事，对久明学习肯用功、进步快的情况感到十分欣慰。秘书见状插话说："久明对我谈过，他想上哈尔滨军事工程学院，怕万一考不好，不被录取，想请您给学院刘院长（滕代远的老部下）写封信。"

滕代远听后，断然回答说："读书，上大学，要靠自己的努力，不能靠父母的地位和私人关系。大学能考上更好，考不上也没有什么。为人民服务的工作多得很，做工、种田、当兵都可以。"滕代远又对妻子林一说："要给孩子讲清不能写信的道理，靠私情，拉关系，不是我们党的作风。"

后来，久明经过自己的刻苦努力，如愿以偿地考上了哈尔滨军事工程学院。

在久明准备上大学的前几天，滕代远给儿子写了一封信，信中一再嘱咐："这是我们对你的希望，你是咱家第一个进大学的，一定要好好学习。"他还抄录了陈毅 1961 年 7 月送儿子上大学时写的《示丹淮并告昊苏、小鲁、小姗》这首长诗中一些句子以勉励儿子，可谓用心良苦："汝是党之子，革命是吾风。汝是无产者，勤俭是吾宗。汝要学马列，政治多用功。汝要学技术，专业应精通。勿学纨绔儿，变成白痴聋。少年当切戒，阿飞克里空①。身体要健壮，品德重谦让。工作与学习，善始而善终。人民培养汝，报答主事

---

① ［阿飞克里空］阿飞，流氓。克里空，苏联剧本《前线》中一个记者的名字。他不深入前线，待在指挥部胡编乱造新闻。

功。祖国如有难，汝当作前锋。"

久明没有辜负父亲的殷切期望，后来以优异的成绩毕业。当时，滕代远的病情已较为严重，可5个孩子都不在身边，好心的同志常劝他把孩子调回一个，久明也写信表示希望回到父亲身边，好照顾家里，但滕代远没有这样做。他给久明写信说：

我身体不好，有组织上照顾就足够了，党和国家需要你们这些年轻人。你大学毕业后，哪里最需要，你就到哪里去工作，一切听从组织上的分配。

后来，久明被分配到离北京千里之遥的一个部队工作。一次，久明利用出差机会回家看望。当他和父亲谈到部队生活时，滕代远问："你现在在部队做什么工作？""当参谋，"久明得意地回答。他自认为刚分到部队就调到机关工作，说明自己进步挺快，原以为父亲会为此高兴而表扬他。哪知滕代远却严肃地批评说："你这个大学生，连兵都没当过，能当好参谋吗？我看你应当先到连队去当兵。"听了父亲的意见，久明回部队马上给组织上写了报告，申请到基层连队工作。此后，他不以大学生身份为骄，更不以高干子弟自居，虚心向同志们学习，刻苦锻炼，受到领导和战友们的好评。后来，他当上连长，在边境作战中还荣立了三等功。

四

"文化大革命"爆发后，全国上下正常的工作学习秩序都被打乱，学校停了课。滕代远的四儿子久耕在父亲的支持下，打起背包先后来到白洋淀和狼牙山，住进了农民家里从事生产劳动，虚心接受贫下中农的再教育，直到1967年底他才回到北京，接着又报名参军。

1968年初，久耕离家那天，滕代远一遍遍地检查孩子的行装，还送给久耕一套《雷锋日记》和《毛泽东选集》四卷合订本，他语重心长地叮嘱儿子："到了部队一定要努力学习毛主席著作，不要忘记革命前辈创业的艰难，向工农出身的战士学习，做雷锋式的好战士。"

于是，久耕带着建设祖国边疆的激情与豪迈，带着对军旅生活的向往，高高兴兴地告别了父母，开始了新的生活。

隆隆的列车向前奔驰，熟悉的北京城渐行渐远。车过内蒙古自治区，窗外的世界变得萧条单调起来，扑入眼帘的尽是一片无垠的沙漠。列车穿过河西走廊时，窗外更是荒无人烟。久耕的情绪逐渐低落下来。后来，他给家里写信汇报自己在部队工作学习的情况，在信中他表达了一肚子的埋怨。

滕代远很快给久耕回了一封信。从这封写给儿子的亲笔信中，我们可以看出这位老革命家的殷殷父子情和拳拳报国心。

耕儿：

你的来信收到，我们很高兴。古人说，"金张掖，银酒泉"，形容它出产大米，很富足。我于 1954 年为修建兰新铁路事，路过张掖。想这今铁路通车了，各种建设必定增多了，人民生活较前更好了。就是靠近沙漠地区，气候变化不定，棉衣不能离身，望注意，不要感冒、生病。当兵首先要服从命令，守纪律，兵爱兵，兵爱官，官爱兵，兵爱人民群众，读毛主席的书，听毛主席的话，按毛主席的指示办事，做毛主席的好战士。尤其要好好准备吃大苦，耐大劳，夜间演习，紧急集合，长途行军，（要有）马上参加战斗，同敌人拼刺刀，英勇的（地）杀敌人的思想（准备），养成战斗作风。向贫下中农出身的战士学习，交知心朋友。把我布衬领送你二条。望你写一信给你那个同学，拿去小明的书（第四本）赶快退回我。愿你锻炼成钢，身体健康！

父字

1968 年 3 月 2 日

新中国成立初期，滕代远被任命为铁道部部长，亲自主持修建了兰新铁路，到过张掖等地进行实地考察。所以，十几年后，他想着铁路通车后西北人民的生活一定会发生很大的变化。信中"气候变化不定，棉衣不能离身"、"把我布衬领送你"等句，足见他对儿子的关爱细致、周到，殷殷父爱跃然纸上。他不仅在生活上对儿子关心备至，思想上对儿子的要求丝毫也没有放松，要求儿子"吃大苦，耐大劳，养成战斗作风"。他认为只有让儿子"锻炼成钢，身体健康"，才能更好地报效祖国，为人民服务。

父亲的信像春风化雨，及时滋润了儿子的心田。久耕理解了父亲的心思，坚定了在部队勤奋工作的信心和决心。在分配岗位时，大部分战士分到技术部门，而他却主动要求到炊事班工作。无论酷暑还是寒冬，脏活累活他争着干，处处吃苦在前，戈壁滩上留下了他辛勤的汗水和坚实的脚印，群众都称他是"活雷锋"。

滕代远时刻关注着儿子的成长，他把自己参加党代会的纪念册寄给久耕，在扉页上写上了对孩子的希望："耕儿，愿你做一个真正的共产党员。"

在父亲的关怀与鼓励下，久耕进步很快。不久，加入了中国共产党，后来又提了干。滕代远又在家信中告诫他，提干是组织上给你更新的任务，你应该比以前做得更好，当好普通一兵。

后来，久耕又被调到陕西某基地工作。1970年盛夏，久耕不幸脑颅骨严重损伤，昏迷不醒。知道消息后，因病卧床的滕代远很是着急。在妻子的建议下，他派警卫秘书到基地看望久耕。当警卫秘书要启程的时候，滕代远拄着拐杖送他到门口，并严肃地嘱咐："你到了部队，一定要服从组织上的安排。我的意见是两条：一是如果孩子能抢救的话，要尽力抢救，因为孩子还年轻，还能为党和国家做工作；二是如果确实没有希望了，我们不能提出任何要求，一切按照部队上的规定办。"后来，在医护人员的精心治疗下，久耕幸运地脱险复苏，又经过一个时期的艰苦锻炼，逐渐恢复了记忆。

因为工作需要，久耕的工作换了好几个地方，但是不管到哪里，他都牢记父亲的教诲，工作更加努力，先后被国防科工委党委和海军评为"雷锋式的好干部"。久耕从部队转业后，到广东粤海石化储运公司任职，并当选为第五届全国人大代表。

五

小儿子久昕1952年生于北京。可是，当孩子刚满16岁的时候，滕代远就积极支持孩子到内蒙古草原插队落户。不久，学校发来登记表，久昕填完后请父亲审阅。滕代远戴上眼镜，拿起毛笔，在家长意见栏内写下"完全同意，坚决支持"8个字。他对妻子林一说："孩子现在离开我们是早了点，但我们不能因为舍不得，永远把孩子拴在自己身边。孩子响应号召，去建设边疆，我们应该支持。当年我们离开家庭参加革命，也是这个年龄。"

久昕临行前，滕代远拿出一条已经褪了色的军用毛毯，对儿子说："这条军毯，我和你妈用了快30年，你这次离家，把它带上吧。"说着，滕代远亲自动手把毯子放到了久昕的行李里面。

久昕被父亲的关爱感动了。他懂得这不仅是为了御寒，而是父亲在告诫自己不要忘记艰苦奋斗的优良传统。

久昕用平时积攒下的零花钱买了许多信封和邮票，用胶水先将邮票粘到信封上。当父亲提出疑问时，久昕不好意思地说："头一次去那么远的地方，条件又艰苦，要是想家了写信时方便些。"

父亲听后爽朗地笑了，语重心长地嘱咐："到了边疆要团结当地人民群众，多向少数民族同志学习。"

久昕在边疆期间，滕代远夫妇经常去信，勉励久昕在草原上扎根，好好经受锻炼。滕代远在信中常常谆谆教育他，说："要和工农子弟打成一片，不要让别人看出你是干部子弟，要在艰苦朴素上成为标兵。"久昕也经常给家里写信，汇报工作生活和思想状况，父母看后非常高兴。

1970年，久昕光荣参军，成为一名铁道兵战士。一次，他回北京出差，一些在京工作的老同学听说久昕回来了，跑来叙旧，还在一块吃了顿饭。临返部队前，久昕也回请了他们。吃饭的开销比较大，久昕却认为事情办得很周到，有一次在信里无意中将此事告诉了父亲，滕代远知道后非常生气，马上提笔写信批评：

干部子弟应养成艰苦朴素的作风、吃苦耐劳的习惯。这不是一般生活作风问题，而是思想觉悟问题，甚至是政治水平高低的问题。

……

不就是吃一顿饭嘛，何必这样！久昕的思想一时转不过弯来。父母除了写信帮助久昕提高认识外，还告诉几位可可，同时也写信告诉部队的领导，大家一起来帮助久昕认识讲排场、摆阔气的问题。在以后的一段时间里，久昕认真反思自己的言行，对这件事有了初步认识，写了一份思想汇报寄给被疏散到外地的父母。父母看后都很高兴。母亲来信说："……你爸爸阅后在信上批了一个很大的'好'字，希望你以更大的进步迎接19岁的生日。"

1973年6月，因北京修建地下铁道，久昕所在部队整编后，将久昕从湖北郧①阳调回北京。部队首长知道滕代远身体不好，身边没有一个孩子。久昕又是他最小的儿子，特意给他几天假回家看看。滕代远见到久昕特别高兴，拉着手问长问短。久昕望着父亲清瘦的面庞、满头的白发，心情很不平静。滕代远问他什么时候去新

———————

① ［郧］念 yún。

单位报到？他说："部队首长给了几天假，在家休息两天就去报到。"滕代远不同意，说："可不能伸手向组织要照顾，也不要什么假，一天也不要，半天都不要！你要听我的话。"

这年9月，久昕回到离北京市区约30公里的地方参加教导队的集训。一个星期六的下午，久昕请假回到家里看望父母。见到双亲后有说不完的话，时间却过得飞快，不知不觉间就到了星期日的下午，但他必须在晚上点名之前归队，否则就违犯了军纪。久昕心里非常着急，万般无奈之下，只得瞒着父亲向秘书说明情况紧急，提出想用父亲的专用小车送他回去。

滕代远发现自己的车不在车库，就问："汽车去哪里了？"司机连忙说："油不多了，去加点油。"由于这是因私事用车，久昕只好偷偷在大门外上车。

谁知这件事情还是被滕代远知道了，他批评了身边的工作人员。后来，在久昕下一次回家时，滕代远把久昕单独叫到一边，口气相当严厉地说："你胆子真不小，竟敢坐我的车！"又说，"干部子弟不允许有优越感，你把我的话全忘了吗？"久昕知道自己错了，紧张得手心直出冷汗，恨不得地上有条缝，钻进去躲一下才好，连忙向父亲承认了错误。"你给我听清楚，以后不许坐我的车！"父亲以这句话结束了批评。

滕代远总是这样严格要求子女，以后几个孩子探亲回家，都是挤坐公共汽车，再没有因私事坐过父亲的小车。

1974年9月，久昕回家探亲。吃早饭时，他兴致勃勃地坐到餐桌旁，想看看有什么好吃的。然而滕代远夹给他的却是一个小窝头，他感到有些扫兴。心想，在连队就经常吃窝头，好不容易回趟家，总该改善一下，怎么还吃窝头。他向父亲摇摇头，母亲也在一边劝他不要吃了。可是父亲不答应，坚持让他吃。没有办法，他只好勉强咽了下去。饭后，久昕陪父亲去公园散步，不一会儿就谈到早饭的事上。父亲意味深长地说："现在的条件好了，生活水平也提高了，许多人的衣食住行都与从前大不一样了。但是，怎么能忘记过去呢？在抗日战争中，太行山根据地的军民连树皮都扒下来吃。你们是在红旗下长大的孩子，可不能身在福中不知福啊！"父亲的教导深深地印在久昕的脑海中。

1974年11月30日下午，病重住院的滕代远在弥留之际，与前来看望他的一位老同志兴奋地谈了两个多小时，茶几上的白纸写满了铅笔字，有人名还有地名，久昕在一旁听着也入了神。晚上，林一来到医院。滕代远的情绪仍然很激动，可惜的是，家人却无法听懂他的意思。后来他拿起铅笔，在纸上反复写着什么，可究竟是什么字，家人也看不懂。林一安慰他不要着急，慢慢写。滕代远好像听懂了意思，不再着急了。铅笔下显出的字终于让家人看清楚了一些，原来是"服务"两个字。

久昕一下子明白了：这正是父亲对家人的一贯要求和希望啊！久昕用双手捧起这张纸，虽然很轻，但上面的"服务"二字却重如千钧。父亲是在嘱咐家人要全心全意为人民服务。久昕凝视着这两个字，向父亲认真地点点头，轻声对他说："我们会这样做的，您放心吧！"滕代远也点点头，嘴里含糊不清地说着什么。老人的眼眶湿润了，孩子的眼睛也被泪水挡住了。翌日9时15分，滕代远逝世，终年70岁。

胡耀邦的家事乡情①

满　妹

　　父亲当选为党的主席，对我们全家都是个压力。记得那天，父亲在中央开完会回到家，吃完晚饭后，把在家的人都叫到小客厅，郑重地对我们说："中央可能要我担任非常重要的职务。我想先向你们打个招呼。今后不管在什么情况下，千万不要以为天恩祖德，千万不要忘乎所以。如果你们中有任何人出了问题，只能是自己负责。"

　　这好像是我们家唯一的一次家庭会。在我的印象中，父亲也是唯一一次如此严肃地跟我们谈话。

　　对于中央酝酿的人事变动，我们听到过一些传说，但都没当回事，因为没有人觉得父亲的性格适合中国共产党最高职务的要求，也没有人希望利用父亲的地位得到什么。所以，当父亲突然谈起此事，大家反倒没有了反应，一下子空气仿佛也凝重了许多。

　　我偷偷环视一下四周，鼓起勇气开玩笑地说："得了得了，我们知道！咱们家，肯定是在你官居高位时夹着尾巴做人，在你走麦城②的时候跟着你倒霉。"我这么一说，大家都笑了，气氛也一下子轻松起来。

　　父亲松了一口气，笑笑说："好嘛好嘛，知道就好！"

---

　　①　选自《思念依然无尽——回忆父亲胡耀邦》，北京出版社 2005 年 11 月版。有删改。标题为编者所加。

　　②　[走麦城]　三国蜀汉大将关羽，在麦城兵败被杀。后把遭受挫折失败比喻为"走麦城"。

他转身让秘书往浏阳中和乡打个电话，给老家的亲戚们定下几条规矩：不许敲锣打鼓放鞭炮；不许家乡搞庆祝游行；不许进京找他办私事；不许打着他的旗号办事；不许他的哥哥外出作报告……说完，他起身回去办公了。

即便如此，浏阳县里、乡里的同志还是有人找到我家，向父亲要项目，要物资。但父亲一一婉拒，指着他满书柜的马列著作，用和缓的语气说："要马列主义有，要特殊化没得。"

有一年全国化肥紧张，浏阳县委托伯伯到北京来，找父亲给批点儿。父亲当时就火了，嚷道："谁找我走后门、批条子，就是把我看扁了！"

伯伯也急了，站起身就想打父亲，情绪激动地说："是老区人民要我来的，又不是为我自己！要是我的事，绝不来找你。"

父亲冷静下来，嘟囔了一句："那也不行！"

伯伯一气之下走了，住到了在北京当中学教师的女儿家。

父亲老家的一个基层干部龚光繁记得，早在1961年，父亲曾因老家的亲戚用公款上北京托他给大队办事，写信给当地大队和公社党委：

不久前，我曾经给公社党委详细地写了一封信，请求公社和你们一定要坚决劝止我哥哥、姐姐和一切亲属来我这里。因为：第一，要妨碍生产和工作；第二，要浪费路费；第三，我也负担不起。但是，你们却没有帮我这么办。这件事我不高兴。我再次请求你们，今后一定不允许他们来。

这次他们来的路费，听说又是大队出的，这更不对。中央三令五申要各地坚决纠正"共产风"，坚决严格执行财政管理制度，坚决退赔一平二调来的社员的财物，你们怎么可以用公共积累给某些干部和社员出外做路费呢？这是违反中央政策的啊！请你们党支部认真议议这件事。一切违反财政开支的事万万做不得。做了，就是犯了政治错误。

送来的冬笋和芋头，这又是社员用劳动生产出来的东西。特别现在是困难时期，大家要拿来顶粮食，你们送给我就更做得不对。但是已经送来了，退回去又不方便。只好按你们那里的价格，退回24元，交耀简（父亲的堂弟）带回，请偿还生产这些东西的社员。在这里，我一万次请求你们，今后再不要送什么东西来了。如再送，我得向你们县委写信，说你们违反政策。

我哥哥带来的德滋（父亲的侄子），我这里也不能留。因为一切城市都在压缩人口回农村，这也是中央的政策。我们这些人，更应该以身作则遵守这个政策。但耀福（父亲的哥哥）说，由于小学不健全，德滋在家读不成书，希望迁到文市去上学。因为德滋年纪还小，我倒期盼他能上学，如果在大队里的小学读不成，能去文市小学上学，就请你们加以解决……

胡耀邦

1961 年 1 月 12 日

12 天之后，父亲又写了一张便条——

托胡耀简带回给中和大队的信，一定要给公社工作组和公社党委看。因为有许多重要的事在那封信中提到了。去年七月带来：

1. 茶油 15 斤，每斤 0.54 元，共 8.1 元
2. 豆子 10 斤，每斤 0.1 元，共 1 元
3. 油饼 60 个，每个 0.08 元，共 4.8 元
4. 熏鱼 20 斤，每斤 0.7 元，共 14 元
5. 一共 27.9 元。交胡耀福带回，务必退回公社

胡耀邦

1961 年 1 月 24 日

进京办事的乡亲希望父亲能够给予适当照顾，帮助家乡搞建设。父亲很认真地说："革命老区搞建设，应该支持，但是应按程序报告上级有关部门，不能找我。我不是家乡的总书记，不能为家

乡谋特殊利益。"

后来，父亲在中共中央委员会主席、中共中央委员会总书记的高位上工作了整整 6 年，但他还是没有给浏阳人批过一张条子，没有帮浏阳人说过一句话，可是忠厚淳朴的浏阳人民从来没有一句怨言。

1988 年冬天，父亲在长沙休息，浏阳县委的几个同志来看望他，谈到家乡一些地方还不富裕时，父亲心里很不安，表示未能替家乡人民办点实事常感歉疚。浏阳的同志诚恳地宽慰他说："你是中国的总书记，心里想的是 10 亿人，浏阳 130 万人是包括在内的。"

浏阳的客人们走后，父亲还在想着他们的话，感慨地对母亲说："没想到家乡的人民这么理解我。"

父亲没有利用职权给过家乡人一点特殊，也没给过亲戚们一点照顾，伯伯住的还是那幢风剥雨蚀的百年老宅，一家人依旧在泥里水里躬耕务农。

那年伯伯的二儿子中学毕业，去县里看望一个当领导的亲戚，言谈中流露出想找份工作的意思。那个领导便给他在县招待所安排了个工作。父亲得知此事，让那个领导马上把他退回农村去，并特意要伯伯来一趟北京。

伯伯不知道父亲有何用意，高高兴兴地拎着半尼龙袋父亲爱吃的腊狗肉、活鳝鱼什么的，从浏阳辗转到长沙上了火车。当时车上挤得连个座位都没有，一个旅客见伯伯年迈，便给他挤出半个屁股大的空儿，一起聊开了："老人家，去哪里呀？"

"上北京看个亲戚。"

"看谁啊，儿子还是女儿？"

伯伯从兜里掏出一张揉得皱巴巴的介绍信，说："是我老弟捎信要我去一趟。"

那旅客接过一看，是一张单位介绍信：兹有我大队社员胡耀福前往北京探望弟弟胡耀邦，特此证明。落款是浏阳县中和公社苍坊大队。

那旅客急忙找来列车员，列车员又请来列车长。列车长听说这位老农民是胡耀邦总书记的哥哥，马上请他到硬卧车厢。

伯伯谢而不就，连声说道："我没得那么多钱，我没得那么多钱！"

他一路心情愉悦地到了北京，可是没想到一见面，父亲就批评他说："哥哥，你搞些么子名堂？崽在农村待得好好的，你把他搞出去做么子？"

伯伯辩解说："我没搞么子呀，是别个给我帮的忙。他好歹也是个中学生，人家的崽当得干部，我的崽为什么就当不得？"

父亲说："当干部可以，但要基层推荐选拔。"

伯伯问："他们要不推荐选拔怎么搞？"

父亲说："那就当农民。"

伯伯火了："当农民，当农民，就你厉害！我走，再不进你家的屋。你当你的官，我为我的民。"说罢，拔腿就去了在北京的女儿家。

伯伯到底是参加过革命的人，事后他想通了，说："他当领导的，不这样要求自家屋里人，又如何去讲别家呢？"

还有一件事是在北京和我们一起长大的堂姐告诉我的。那年，她的两个孩子都上了北京市的一所重点中学，父亲知道后把她叫去问："孩子们是怎么上的这个学校的？"堂姐说："硬碰硬考上的。叔叔你放心，我们绝不会打你的招牌。"父亲顿时高兴起来，说："那就好，那就好！"

唯恐有损父亲的形象和影响党的声誉，父亲在台上时，我们兄妹四个都自觉做到一不干政，二不要官，三不经商，四不出国。

父亲任总书记期间，正是社会上"出国热"、"经商热"高温灼人的时候。可我们家，大哥在中国历史博物馆埋头研究曹雪芹身世；二哥在清华大学"200号"搞科研；我在《中华内科》杂志伏案编辑医学刊物；而三哥则远在南京，是解放军通信工程学院的一名普通教员。

看到一些朋友相继出国留学或进修，学个专业，拿个学位，我动心了，觉得自己也应该把一直戴在头上的那顶"工农兵学员"的帽子摘掉。当时，日本创价学会会长授意他的副手找到我，问："愿意到日本进修吗？读个学位或者走走看看都没问题。费用你不用担心，你可以一个人来，也可以带着先生和孩子一起来。时间长短也取决于你，要几年就几年。"

我被他们的诚意和周到打动了，考虑了很久。可想到父亲给我们开的家庭会和父亲对我们多年的要求，我谢绝了他们的好意。

后来，我还有过几次去西方学习的机会，都因觉得有违父亲的意愿和做事的原则而放弃了。直到父亲下来后的1987年，我以自己的工作赢得了大家的信任，组织决定派遣我出国进修学习。

我们兄妹始终过着普通人的生活。那时，以"舌耕"为业的三哥，日子过得最为清苦。

1985年父亲到南京会见外宾，三哥赶到东郊宾馆去看他，父亲对三哥说："我还没去过你家呢，晚上到你家看看吧？"他见三哥面有难色，又保证说，"我只和李秘书悄悄地去，绝不会兴师动众地惊动别人。"

回到北京后，父亲颇为伤感地对母亲说："德华他们过得很不容易，孩子长得也很小，看看我们有什么给他捎点去吧。"

母亲为难地说："我们有什么呢？那就把家里这台冰箱给他们吧。"

三哥转业想回北京，父亲知道了不高兴，说："转业为什么要回北京呢？应该在基层多锻炼锻炼嘛！"

我知道父亲是担心有以权谋私之嫌，解释说："三哥在部队服役时间已经很长了，又一直不适应南方的气候，落下了个痛风的毛病，这可是一辈子的事！回北京对他身体有好处。再说，转业复员回入伍所在地，也是政策规定的嘛！"

父亲责怪我："你又帮他说话！"

我不服气地说："好，我不说。但这是三哥自己的事儿，你也不要管。"

父亲似乎有些无可奈何："好嘛好嘛，我不管。但是你们不能忘乎所以，不要把自己放在不适当的位置上，绝不能搞特殊化。"

可以说，我们兄妹从小就是在父母的严格要求下长大的。

我家住在市中心，三哥上学在西郊的育英学校。那里从万寿路坐公共汽车回家要两毛钱，但要是走两站地到公主坟上车，可以省五分钱；而走到木樨地再坐无轨电车，只要七分钱。十来岁的三哥，常常背着书包吭哧吭哧地从学校一直走到木樨地，用多次节省下来的车钱，买装矿石收音机的无线电元件。有时碰巧能搭上人家接孩子回家的便车，不花钱又不用走太长的路，三哥就别提多高兴了。

我们兄妹谁也没搭过父亲的便车。为父亲开车的师傅记得，有一年春暖花开时，我想跟车出去玩，被父亲知道了，很生气，批评我说："我们现在还不是享福的时候，我们的国家还很穷，我们的革命还要继续，不然的话有人就要革我们的命。"

我上小学那几年，正是国家三年经济困难时期。那时，最让人激动的事就是能吃到东西。父亲虽然是中央委员有补助，但他给家里人规定：全家每人每天都要吃两顿粗粮，不许吃补助和细粮，因为那是特殊化。

我在家里年龄最小，是唯一的女孩，大孩子们平时都住校，只有我在家吃饭。炊事员老张叔叔自己有五个儿子，可一个女孩都没有，特别疼我。每当有客人来打"秋风"时，他总是偷偷留下一点好吃的，给我回来吃。

那时走读，中午要带一顿饭。有一次，老张叔叔给我带午饭时悄悄装了点米饭，让我在学校吃，不巧被人发现，告诉了父亲。父亲把老张叔叔叫来问："你给满妹带米饭了？"老张叔叔不回答。父亲接着说："不是规定一天只有一顿细粮吗？你怎么给她吃两顿呢？"

老张叔叔涨红了脸，强辩着："谁说的，谁说的？没有的事儿！"出了门，他自言自语地嘟囔，"家里就她一个，人小又吃不了多少。同学们都带细粮吃，咱们家老带粗粮，怎么好意思！"

我记忆中只有这一次，父亲过问了家里的柴米油盐。

我堂姐比我大十好几岁，她的衣服我没有一件可以穿。直到我十二三岁时，身上还没一件像样的衣服，只有两套可以换洗着穿。记得我有一件紫红底带白点的灯芯绒上衣，一穿就穿了好多年；短了，外婆就给我在袖口、下摆上接出一截又一截的黑色灯芯绒，穿了再穿。

我请求母亲给我买一件新衣服，以便有些场合好穿。结果衣服没给买，却被狠狠地批评了一顿。

时至今日，我仍然清楚地记得那段简朴的岁月。正是在那种勤俭中，我体会出父母生活的达观洒脱，对自己家人的严格要求，还有对别人的大方慷慨。

父亲担任总书记后，坐的还是国产的红旗牌轿车，直到去世也没换。法国总统密特朗送给他两辆高级雪佛莱轿车，他坐都没坐就上交了。

那年他出访欧洲，在意大利逗留时，使馆的工作人员为他准备了一份价值20美元的礼品——威尼斯游船模型。父亲看到后立即叫来秘书，问："谁买的礼品？为什么要送礼？"见没有人回答，父亲不高兴地说："不是规定不许送礼收礼吗？退回去，给我退回去！"

父亲从不接受任何形式的私人馈赠，不管是外国元首的，还是国内单位或个人送的。

共青城的几位领导只要来北京，都会到家里来看望父亲，父亲也总是留他们吃饭。但几十年来，父亲没收过他们一件礼品，父亲第二次去共青城视察时，那里已经走出了一条发展之路，共青人送给他两个羽绒靠垫，父亲收下了，当场付了钱。

中国大百科全书出版社送了一套《辞海》给父亲，他一收下就付钱。

父亲认为，"千里之堤，溃于蚁穴"，做人既不能因小善而不为，也不能因小恶而为之，这是原则问题。

如果说父亲为政清廉，无愧于他的国家和人民，那么也可以说我们兄妹严格自律，无愧于我们的父亲。在这方面，母亲堪称我们的表率。

北京市委考虑到母亲不但是抗战干部，而且已经在北京工作了20多年，光在市纺织局当党委书记就已多年，因此不止一次要调她到北京市委组织部当部长。1983年，又提此事，母亲与父亲商量，他们一致认为这样做不妥，随后还是由母亲出面拒绝了。他们不愿意有人说闲话，母亲更不愿沾父亲的光。

父亲地位的变化，没有给我们家带来任何改变。

父亲的工资待遇还是当年任团中央书记时的水平，直到从总书记的位子上退下来。1984年以前，我们家一直住在富强胡同6号，父亲住的还是那间1976年唐山地震时被震斜东墙的旧卧室。

父亲的卧室是用过道隔成的一间10平方米左右的地方，床头就在往西斜的东墙下面。为了避免哪一天那堵墙真的倒下来砸到父亲，我们在那床的四周用四根木柱子搭起了一个木板棚子，这个"防震棚"一直保留到1984年搬家。

要说家里有什么变化的话，那就是除了父亲对我们提出了更高的要求以外，大门上的红漆剥落得更多了，屋里的地板踩上去咯吱咯吱叫得更欢了。

美国医生鲍蒂斯塔夫妇来华访问前，得知了我家住房的情况，专门买了一加仑朱红色油漆带到北京，送给父亲。

记得还是在父亲任职中央秘书长的1978年，中央办公厅就希望我们家搬到中南海去住。父亲硬是不肯，说："我要在富强胡同住到老。"有些老朋友也希望父亲不要搬，说搬到中南海，我们想见你就不那么容易了。

这可难为坏了警卫人员，他们担心地说："找到富强胡同来上访的人实在太多了，而且经常有人拦车告状，车子不论开到哪儿，一有人拦，首长就下来，警卫工作没法儿干！"

后来，还是邓小平和陈云亲自出面，说："耀邦啊，现在'文革'刚结束，社会这么复杂，还是搬到中南海去吧。"

有人建议父亲搬进中南海的"二〇二"，这所房子是1974年专门为毛泽东盖的，1976年夏天唐山发生大地震，病重的毛泽东才搬进去住，直到病逝。

可是，父亲觉得那所房子太大，不适合家用，又很浪费，提议用来接待外宾。

中央办公厅又在中南海其他地方先后找了两处，父亲还是不肯搬。

后来，父亲知道不搬不行了，就交代中央办公厅的领导同志说："一定要搬的话，搬进去的房子一不要好，二不要大，只要离中南海近，工作方便就行了。"

1984年，中办在中南海外找到了一处房子。

这所院子当时是中央警卫团的营、团职干部宿舍，大杂院里住着好几户人家。它的正门开在北长街会计司胡同里，后墙就是中南海的东墙。

父亲觉得这个小院一边通着街道，一边连着中南海，既方便客人来访，又方便去中南海办公。住处虽然小一些，但在红墙上开个门，出门走上十来分钟就能到书记处办公的地方，他同意了。

可是这所四合院年久失修，太破旧了。房管人员查看后提出：这房子需要大修。

当时的中央办公厅副主任杨德忠和北京市副市长张百发，拿着大修设计图请父亲提意见时，父亲看着他们一脸的热情，笑笑说："再说吧，过几天让李秘书把我的意见转告你们。"

他们刚走，父亲就对身边的李秘书说："你想过没有，我们岁数都这么大了，还能住几年？就这样，不要搞什么了。要修，等以后老百姓都有了房子再修。"

我的一个朋友看了父亲决定要搬进去的这个没怎么修缮的院落，对我说："这地方不好，门不正，路不直，胡同是死的不说，还太窄，进出车都不方便。加上前面有所中学，另外三面是民房，太吵了。"

她建议："要么另找个地方，要么大修，至少把大门向南移，或者把大门前的胡同扩宽。总之，不能住在这么个不吉利、不方便的破旧地方。"

我开玩笑地把这些话跟父亲说了。父亲不高兴地说："什么吉利不吉利！想住好房子，不要找借口。"

既然父亲定了，大家就什么也不说了。加上院子房前屋后都是民宅，我们家一动，这儿的几户居民就得拆迁。

因为父母喜欢人多热闹，我们兄妹几家一直跟着父母住。可是，我发现将要搬进的这所院子不大，如果全家都住进去，工作人员就没有地方办公了。

我和爱人商量了一下，决定就近在外边找个地方住，以免父母为难。母亲听说我们要出去住，不高兴地问："为什么不能挤一挤呢?"可是，那时她还没有去看过这个新家，如果都搬进去住，父亲工作就不方便了。

尽管我们小家搬出去住了，可还是出现了问题。在刚搬进去的第一天，小客厅的地板就被二哥一脚踩出了一个大洞。这所房子实在是太老、太破了，可是父亲就是怕花钱，不让大修。

然而，这就是我们的家——总书记的新宅。

胡耀邦名言

● 任何骗子都要披上神秘的外衣，凡是装腔作势，高深莫测，让人看不清，动不动就训人的肯定有问题。

● 小算盘，小圈子，小报告，小动作，小是小非，小恩小惠……搞这些东西有什么意思? 低级趣味!

● 一身正气埋头苦干的人不少，但不琢磨事、专门琢磨人的人也不会消失。

● 我们的历史是光明的，还是阴暗的; 是光彩的，还是不光彩的，每个在台上的人，都要经受检验。历史是混不过去的。

诗意人生

陈毅元帅与《诗刊》①

杨建民

陈毅元帅，在中国革命的疆场上，金戈铁马，号令千军，纵横捭阖，威名赫赫，成一代名帅；在诗坛上，他倚马纵笔，挥洒自如，畅志抒怀，不拘一格，开别样境界。"将军本色是诗人"，陈毅当之无愧。新中国成立后，陈毅元帅在担任国家高级领导人期间，虽工作繁忙，却从未放下诗笔，为中国诗苑奉献一枝奇葩。同时，他还关心诗歌的发展，对当时最重要的诗歌刊物《诗刊》，倾注了很大心力。这，是人们难以忘怀的。

1957 年 1 月，新中国成立后第一个全国性的诗歌杂志《诗刊》诞生。发刊第一期，就以毛泽东的 18 首旧体诗词打头，这在社会上产生了极大反响。热爱诗歌的陈毅元帅，为此也特别高兴。在多种场合，甚至外事活动间隙，只要遇见《诗刊》的人，陈毅都要过问过问。对《诗刊》的内容、艺术形式、甚至版式、字号大小……直截了当发表看法。更重要的，他以自己的多首作品，支持《诗刊》。陈毅元帅的作品在《诗刊》发表，不仅产生了颇大反响，还

---

① 选自《党史博采》2007 年第 2 期。

引发了一些特别机缘。其中几件事，至今还值得人们回味。

诗家元帅雅相和

《诗刊》诞生的当年，陈毅元帅有多首诗歌在上面发表。其中有一首新诗《赠郭沫若同志》，与郭沫若的一首七律《赠陈毅同志》同时发表在当年第 9 期《诗刊》上，引发了读者浓厚的兴趣。这两首相互赠送的诗歌写作，有一段因缘，值得录出。

1952 年 7 月，陈毅元帅到浙江北部德清县西北的莫干山探视病友。小住十日，"喜其风物之美，作莫干山七首"。这组诗，极生动描绘出莫干山的清丽景致，同时表现出陈毅纯净而宽阔的胸怀。此选录两首以窥斑见豹：

> 莫干好，遍地是修篁①。
> 夹道万竿成绿海。
> 风来凤尾罗拜②忙。
> 小窗排队长。
>
> 莫干好，夜景最深沉。
> 凭栏默想透山海，
> 静寂时有草虫鸣。
> 心境平更平。

这组精美的小诗，郭沫若在 1955 年 5 月见到。一读之下，喜不自禁。他立即作出一首七律，对陈毅元帅的诗才表达感佩：

> 一柱天南百战身，将军本色是诗人。
> 凯歌淮海中原定，坐镇沪淞外患泯。

---

① ［修篁（huáng）］长竹子。修，长；篁，竹林，泛指竹子。
② ［凤尾罗拜］凤尾，凤尾竹，泛指竹子；罗拜，四周环绕着下拜。

赢得光荣归党国，敷扬文教为人民。

修篁最爱莫干好，数曲新词猿鸟亲。

诗写好后，郭沫若直接以"赠陈毅同志"为题写给陈毅。诗人之间，相互赠答唱和，历来被视为雅事。可陈毅"久欲回答，每每因不能成篇而罢"。直到两年后的 1957 年 5 月，郭沫若作《五一节天安门之夜》一首，描述当时壮丽景色。此诗发表后，陈毅读到。一读之下，引发诗情。诗情冲撞，陈毅抛开自己娴熟的格律形式，"特仿女神体回赠"。写成新诗《赠郭沫若同志》（节录）：

我早年读过你的诗集《星空》，

《天上的街市》那首诗曾引起我的同情。

……从前你从人间想到天上，

现在你从天上想到人间；

这不是你故意颠倒，

而是几十年的人间改造有了分晓。

……沫若同志，你，人民的诗人，

你三十多年前写的《凤凰涅槃》，

预先歌颂了新中国的诞生。

今后三十年还需要你，歌唱不停。

这首诗写就，陈毅心情愉快。他将郭沫若的赠诗和自己赠郭沫若的此诗，一并交给《诗刊》，供他们同时发表。由此，人们不仅看到了陈毅元帅多面的诗才，同时大诗人郭沫若的赞语"将军本色是诗人"，也随着成了人们认识陈毅精神、情采的最佳表征。

与王统照的诗情

1957 年 11 月，我国著名现代作家王统照因病逝世。王统照与诗人臧克家是亲近的同乡，相互交谊极深。王统照的家人便将几件遗物赠送给臧克家，作为永久的纪念。在这些遗物中，有一件用彩色笺纸工整正楷写的四首诗，引起臧克家的特别注意。诗的题目："赠陈毅同志"。

臧克家当时担任《诗刊》主编。为纪念王统照这位著名作家，他便将这首《赠陈毅同志》，发表在 1958 年 2 月号的《诗刊》上：

> 海岱功成战绩陈，妇孺一例识将军。
>
> 谁知胜算指挥者，曾是当年文会人。
>
> 卅年重见鬓苍然，锻炼羡君似铁坚。
>
> 踏遍齐鲁淮海土，为民驱荡靖尘烟。
>
> 藤荫水榭裛茶烟，忧国深谈俱少年。
>
> 愧我别来虚岁月，有何著述报人间。
>
> 明湖柳影望毵毵①，半日山游兴味酣。
>
> 好摅胸怀同努力，饮君佳语胜醇甘。

通过诗作我们可以看出，王统照与陈毅是有着长久交谊的。事实的确如此。1923 年冬天，陈毅到北京入中法大学学习，此时的王统照，正在北京从事编辑工作，他们便彼此相识了。

当时的陈毅，因为曾到法国留过学，又酷好文艺，所以一边学习，一边还在翻译一些法国文学作品，并且用笔名写过许多诗歌和小说。他还试图以马列主义观点来影响中国文学，写下并发表了《论劳动文艺》《对罗曼·罗兰及英雄主义的批评》《对法朗士的批评》《在列宁逝世周年纪念日与徐志摩的争论》等一系列文章。

当时的王统照，在文坛已颇有些成绩了。1923 年，他出版了长篇小说《一叶》。1925 年，他的诗集《童心》也由商务印书馆出版。1921 年时，王统照与沈雁冰、郑振铎、叶圣陶、周作人等 12 人，共

---

① 毵毵［sān sān］枝条细长的样子。

同发起成立了中国现代文学史上重要的文学团体——文学研究会。在与陈毅的交往中，王统照见陈毅爱好文艺，写作并发表了多篇作品，便介绍陈毅加入文学研究会。这也是陈毅后来引以为荣的。

陈毅与王统照相交后不久，王统照小说《一叶》出版，他便请陈毅指正。陈毅虽也喜欢这部作品，但仍不客气地指出：小说中有雕琢的毛病。1925年，王统照诗集《童心》出版，陈毅读到后，仍然认为其中文字略觉雕琢。但王统照并不以为忤，反而认为陈毅评得真有道理。

当时王统照与陈毅都只20来岁，彼此相交甚洽。除去文艺，他们还常常在一起深谈国家大事，如王统照诗中描述的："藤荫水榭袅茶烟，忧国深谈俱少年。"在文艺观念方面，王统照是文学研究会的发起人，自然以"为人生的艺术"（《文学研究会宣言》）为宗旨；此时的陈毅，由于有了在法国留学的经验，有了马列主义的吸收，所以认为文艺也应当包含革命的内容。这在他们的交谈中都不由得表现了出来，这样的坦诚更加深了他们的友谊。

1925年以后，陈毅成为一个职业革命家。王统照回到山东，从事文学创作及教学活动，两人便很久没有见面。可陈毅在国内各地长期征战，王统照却是了解的。所以在诗里有"海岱功成战绩陈，妇孺一例识将军。谁知胜算指挥者，曾是当年文会人。""文会"，自然是指"文学研究会"，这是他们当年文艺活动的见证。

1954年夏天，陈毅来到山东，在济南与王统照重逢。从相别时间算来，已有30年。老友相见，自然十分快慰。两人同游济南名胜大明湖。湖边长垂婀娜的柳枝，给他们留下颇深的印象："明湖柳影望毵毵"；又游了龙洞，共读了宋元丰年间的古碑。正游乐时，突然得到越南抗击法国的奠边府战役获捷消息，当时中国越南关系亲如兄弟，所以陈毅王统照两人高兴地一再举杯庆贺。

此次相见后不久，为纪念友谊，王统照写下了《赠陈毅同志》诗四首。但是，他却没有将诗作真正"赠"送到陈毅手中，而是以彩色笺纸工整正楷抄录下来，大约是想在一个合适的机会，亲手交给陈毅吧？

不料，不过两三年时间，王统照便病逝。他再也无法亲手将这饱含情谊的赠诗送到友人手中。臧克家在《诗刊》发表了这几首诗，陈毅见到后，异常激动："顷读《诗刊》二月号载有剑三赠我诗，生前并未寄我，读后更增悼念。"虽然先前闻知王统照逝世时，他"不胜悼惜"。

"剑三"，是王统照的字。以字相称，既含有尊重之意，更有关系亲近相知一层的意味。有感于此，陈毅便赋《剑三今何在？》诗篇五节，表达悼念之情。

> 剑三今何在？墓木将拱草深盖。
> 四十年来风云急，书生本色能自爱。
>
> 剑三今何在？忆昔北京共文会。
> 君说文艺为人生，我说革命无例外。
>
> 剑三今何在？爱国诗篇寄深慨。
> 一叶童心我喜读，评君雕琢君不怪。
>
> 剑三今何在？济南重逢喜望外。
> 龙洞共读元丰碑，越南大捷祝酒再。
>
> 剑三今何在？文学史上占席位。
> 只以点滴献人民，莫言全能永不坏。

陈毅这首诗，以杂言出之，有旧体诗词的体式，又具新体诗的明朗清畅，颇富新意。每节以"剑三今何在？"起首，极力表现出对老友的怀念之情，读来令人深受感染。

陈毅这首诗寄到《诗刊》后，臧克家感于王、陈之间的交谊，便将王统照家人赠自己保存的《赠陈毅同志》彩笺诗稿，送给了陈毅。王统照与陈毅间长久的友谊，便有了一份真诚而精美的实证。

为《诗刊》谈诗

1959 年 4 月，全国政协及人大召开会议。趁文艺界同志来京开会的机会，"诗刊社"在南河沿文化俱乐部举行了有数十位诗人及文艺界领导参加的诗歌座谈会。陈毅元帅听说后，表示一定要参与。

开会当天，陈毅元帅到得特别早。见到诗人，便热情握手招呼，满面带笑。会议开始，他一再请别人先发言。大家都想听听陈毅对文艺，尤其对诗歌的看法，便一致推他先讲。陈毅也以文艺界普通一员的身份，谈了许多重要的意见看法。

说到诗创作的艺术表现，陈毅用了个形象的说法："三分人才七分装"，就是仍要注意表现形式。这一点，他希望大家都"勤学苦练"，"无论新老作家，都要从基本练习入手"。

对五四以来诗歌的创作，当时人们评价不一。陈毅却大力肯定五四以来的成绩，但同时认为："反映革命，反映得还不够；反映生活，反映得还不够。"

对于新诗的营养渠道，陈毅也谈了自己的看法，他认为"重视外国的，轻视中国的；重视古人，轻视今人，是不好的"。

陈毅元帅很直爽，说出话来直截了当。说到诗的用韵，陈毅也有见解："诗的平仄和用韵是自然的，废不了的。打破旧时的平仄，要有新的平仄；打破旧时的韵，要有新的韵。我不同意反对平仄和用韵。诗要通顺流畅。有韵的，注意了流畅的，朗诵起来效果就好些。形式问题，可以几种并举，各做实验。"

他还引用毛泽东的诗歌，谈及诗的特质："艺术就是艺术，写诗就是写诗。上海有人在毛主席诗中找战略思想，就有些穿凿附会。毛主席诗词有重大政治意义，但还是诗。有人问毛主席：'数风流人物，还看今朝'，是不是超过了历代所有的人？毛主席回答：作诗就是作诗，不要那么去解释。'更喜岷山千里雪，三军过后尽开颜'两句，完全是说，这支军队得救了，将要胜利到达陕北了。我说：作诗还是作诗。"

因为这次座谈会是"诗刊社"主办，陈毅元帅最后把话题转到了《诗刊》上。他说："我是拥护《诗刊》的。《诗刊》变为通俗性群众的《诗刊》，不好。以前轻视工人、农民，以后完全颠倒过来，也不好。好诗就登，选得严一点，我赞成。编辑要有一点权限，有取舍。对群众如此，对诗人也应如此。群众意见登一些也好。《诗刊》印得美观一点嘛，太密密麻麻，不像话。"

对诗，陈毅元帅真是有兴会，一谈起来便放不下。这次诗歌座谈会，几乎成了他的"一言堂"。1962年，为纪念毛泽东《在延安文艺座谈会上的讲话》发表20周年，诗人们在人民大会堂福建厅，召开了一个人数众多、盛大热烈的诗歌座谈会。诗人之外，朱德、郭沫若、周扬等人都来出席。陈毅元帅当然积极参加。朱德、郭沫若发言之后，陈毅又发表了自己的主张："写诗要使人家容易看懂，有思想，有感情，使人乐于诵读。"联系到自己，他谦虚地说，"我写诗，就想在中国的旧体诗和新诗中各取其长，弃其所短，使自己所写的诗能有些进步。"

陈毅在这几次有关诗的座谈会上的发言，许多都发自一个诗作者的体悟和感受，不仅精辟，也切实可行。十几年后，《诗刊》老主编臧克家还认为："他讲的关于诗的精辟见解，爽直语句，不但对当时，即使在十几年之后的今天，也觉得正确，有的正中时弊，令人三思，令人警醒，令人钦佩！"

与《诗刊》的亲密联系

正因为陈毅元帅对诗歌有很高的热情，又有精辟见解，他对自己诗歌的要求，也定得很高。在《诗刊》发表诗作，他总是十分认真，并且一再希望《诗刊》能将他作为一个普通诗人看待。1959年2月，陈毅接到《诗刊》的催稿函。虽然很忙，他还是将刚写成不久的几首诗交给《诗刊》。他在附信中说："立即上机赴朝鲜，把近来写的三首诗，仓促定稿，送《诗刊》凑趣。如蒙刊载，要求登在中间。我愿作中间派，如名列前茅，十分难受，因本诗能名列丙等，余愿足矣。"信末署"陈毅倚装"。

1961年，由于国家出现经济困难，纸张供应不足，《诗刊》只好改出双月刊。陈毅元帅知道这个情况后，十分着急，在一次集会上，见到《诗刊》主编臧克家，便把他叫到跟前："《诗刊》出双月刊，在国际上影响不好。全国只有一个诗的刊物呀，得赶快改回来。"遵从陈毅的意见，《诗刊》经过很大努力，在全国经济条件略有好转时，立即恢复了月刊。但那已经是1963年7月号了。

1960年12月时，冬夜时分，有感于家国变迁，陈毅元帅精力充沛，诗情油然而生。在很短时间，他写出一组12题19首的《冬夜杂咏》。这组诗，洒脱清朗，内容丰富，借物抒怀，气概浩然。但是，组诗写出近一年，陈毅也没有拿出来。1961年年底，《诗刊》催稿，陈毅才将稿子整理抄出，寄到编辑部。编辑部同仁一看，十分珍爱。其中多首，发表后传颂一时。例《青松》：

> 大雪压青松，青松挺且直。
>
> 要知松高洁，待到雪化时。

《一闲》：

　　　　志士嗟日短，愁人知夜长，

　　　　我则异其趣，一闲对百忙。

　　这组诗，确实显示了陈毅元帅熔铸古今诗句，囊括万千世界的充分表达能力。但是，在附寄《诗刊》编辑部的信里，他却亲切风趣地说"为《诗刊》凑趣，得旧作《冬夜杂咏》，抄来塞责，仍请按旧例放在中间或末尾为妥。此诗杂乱无章，杂则有之，诗则未也……"这组《冬夜杂咏》发表在 1962 年 1 期《诗刊》上，受到读者的普遍喜爱，许多人摘录吟诵。今天一些上了年纪的人，仍能脱口而出其中数首，可见其当年影响。反观陈毅元帅信里的话，又显现了其虔诚的性格。

　　陈毅元帅诗才敏捷，写出的诗，量是很大的。但是，对发表，他却十分严谨。不达到相当水准，他绝不拿出。当年《诗刊》编辑，因为与陈毅元帅熟了，催他写稿的函很多，可陈毅却并非次次寄稿。在回信里，他常有推辞。例如，他在回《诗刊》的一封信里，有这样一段话"近来想作几首诗，未搞好，暂作罢，搞好再呈教。我的旧作，整理尚未就绪，愈整理愈觉得诗是难事，就愈想放下了事。这只有看将来兴会来时再说。"

　　另一封复《诗刊》的信，仍是推辞："苦于事忙，写诗不能不作放弃，以致未定稿太多，此乃无可奈何之事，彼此均有此经验，公等当不以托词视之。"

　　陈毅元帅对诗歌十分珍爱，但同时又非常自谦，这里还可以举出一个典型事例。他的多首作品在《诗刊》发表之后，受到广大读者的衷心喜爱。为满足读者需求，人民文学出版社将这些诗作收集起来，又将陈毅当年在革命战争中所作的诸如《梅岭三章》、《赣南游击词》等从各处抄出，打算集中出版。出版前，出版社将这些诗作交陈毅元帅审定，希望获得出版授权。没想到，陈毅婉拒了出诗集的请求。

元帅英魂系《诗刊》

性格耿直、光明磊落的陈毅元帅，在"文革"中受到极大冲击，并在 1971 年经受了肠癌切除手术。但是，他靠着乐观的性情和结实的体格，从这精神和病况的打击下恢复过来。之后他依然如往常一样，以饱满的热情投入工作之中。但不久，病魔再一次袭击了他。1972 年 1 月 6 日，一代才华横溢的名帅，与世长辞。

由于生前的婉拒，陈毅元帅创造的大量优秀诗篇，未能汇编成集。为不使这些涵容丰富的诗作散佚，元帅夫人张茜抱病整理成一部后来风靡一时的《陈毅诗词选集》。可是，这部著作，当时却没有机会与世人见面。

1976 年 10 月，"四人帮"被粉碎。人们的精神，从那个被严重异化、压抑的状态中挣脱。此时，表达这种精神状态最快、最充分的艺术形式，无疑是诗歌了。《诗刊》编辑部顺应民愿，他们立即从陈毅大量的诗词作品中，择选出各个时期的诗词 20 篇，以最快的速度，在当年《诗刊》第 12 期，大篇幅地刊载出来。陈毅元帅此时已辞世近 5 年。这些诗，较为系统地展示了他的诗词风采，纪念意义不言而喻。同时，陈毅元帅诗词表现出来的积极奋进精神，又激励国人能够在国民经济处于崩溃边缘的情况下，对前途充满信心；诗词里分明的爱憎态度，又是人们认识"文革"中极左一套，批判"四人帮"的利器。

《诗刊》编辑部为使读者更好领会这批诗词，特别请参加过陈毅诗词编选、深通诗中三昧的学者赵朴初先生，以"淋漓兴会溢行间——读陈毅同志诗词"为题，对陈毅元帅诗词的诞生、特点，以及在此时发表的意义，作了精辟的解说。这篇文章，随陈毅元帅这批作品，一并发表在 1976 年第 12 期的《诗刊》杂志上。

这期刊有多首陈毅诗词的《诗刊》一面世，便在社会上产生了强烈的反响。当时大量还在工厂、农村接受"再教育"的青年，几乎个个以能吟诵陈毅这批诗词为荣。《诗刊》不足，人们便辗转传抄。这样的抄件抄本，有的又被刻成蜡纸油印，形成多种印本。

陈毅元帅的诗在《诗刊》的再一次辉煌亮相，是在 1978 年 1 月。粉碎"四人帮"之后，"左风"受害最重的灾区文艺界，一时还不能将思维调整过来。仅仅艺术作品的创作，是"理性思维"，还是"形象思维"，甚至有没有"形象思维"，在当时都成了问题，并由此在文坛引发了很大论争。这些论争，虽然激烈，但由于人们心有余悸，总不能归到一个正确和恰当的结论上。按当时思维模式，权威出来说话，可以截断众流，起到迅速一致的效用。所以，1978 年 1 期《诗刊》，发表了对后来产生深远影响的毛泽东《给陈毅同志谈诗的一封信》。

在这封写于 1965 年 7 月的信里，毛泽东为陈毅改定了一首五律诗作《西行》。此外，毛泽东对诗的许多见解，在当时起到了影响文艺界的重要作用。譬如："又诗要形象思维，不能如散文那样直说，所以比、兴两法是不能不用的。""宋人多数不懂诗是要用形象思维的，一反唐人规律，所以味同嚼蜡。""要作今诗，则要用形象思维方法……民歌中倒是有一些好的。将来趋势，很可能从民歌中吸收养料和形式，发展成为一套吸引广大读者的新体诗歌。"（后面四个字，毛泽东打了重点号）这些虽属友人函件间的随谈，却使当时关于有无"形象思维"的争论偃旗息鼓。这些看法，无论今天看来或值得商议，或可以更加系统化，但在当时，却起到了将文艺回归文艺，摆脱理念先行旧套子的重大作用。在这封信里，引用了毛泽东为陈毅改定的五律，也使这首诗为人们广泛认知。《西行》：

　　　　　　　万里西行急，乘风御太空。

　　　　　　　不因鹏翼展，哪得鸟途通。

　　　　　　　海酿千钟酒，山裁万仞葱。

　　　　　　　风雷驱大地，是处有亲朋。

　　这首诗，是陈毅元帅 1964 年率政府代表团出访多国时的作品。一组《六国之行》，共七首，毛泽东改定的是其中第一首。1965 年春，陈毅将这组诗送毛泽东指正。毛泽东改了第一首后，复了陈毅这封信。这当然可以看出毛泽东与陈毅间战友、诗友的情谊。但是，这封信在两位领导人逝世后，又在文艺界发挥了如此重要的作用，这大约是他们当时不曾料想的吧。

　　"将军本色是诗人"，从以上简略介绍陈毅与《诗刊》的关系中，我们可以充分感知郭沫若的这句赞语。通过陈毅元帅对《诗刊》的支持和关怀，我们更能看到元帅别具一格的诗人风采。在今天，诗歌，依然是文学艺术领域有突出影响的式样。回想当年，一位曾驰骋疆场、横刀立马的元帅，运笔成风，信手挥洒，成了诗人，真让人衷心感佩。这样的先例，应当对我们今人有所启示：热爱生活，丰富精神，追求理想，钟情艺术，对于人的价值的充分表达和认知，不可或缺。在生活中，追求和保持这种精神状态，是一个欲使生命全面发展的人应当不懈努力的。陈毅元帅对诗的终生热爱、追求，饱含了他的赤子之心和生命热忱，这也是我们后来者应当学习和永远向往的。

《长征组歌》：上将诗人萧华的病中之作①

李　镜

萧华对王新兰说，如果有一整块时间，
他一定要写一写长征

1964 年 9 月，萧华被任命为总政治部主任。

这年，他 48 岁。

此时，全军各部队正在紧锣密鼓地准备庆祝中央红军长征
30 周年的纪念活动。一些文艺单位多次向亲历过长征的萧华约
写有关长征的作品。这也许是当年萧华写《长征组歌》的直接
动因。

其实，讴歌长征，萧华早有冲动。

自从走完了漫漫长征路，那场震撼了世界的远征，便成了萧华
生命的一部分。长征是高耸在他心中的一座丰碑。对于那场使红军
从濒于灭亡中再生的大迁徙，对于整整两年间中国工农红军向难以
承载的生存极限挑战的英雄历程，萧华一直视之为中国共产党人最
珍贵的精神遗产，因而认为值得大书特书。

早在 1958 年夏天，总政文化部一位年轻干事从北京街头的书
摊上买回了一本描绘长征的小册子。萧华看到后，如获至宝。他带
着书，亲自赶到了出版这本书的人民美术出版社，要求再版一次。

① 选自《党史博览》1999 年第 1 期。萧华（1916—1985），中国无产阶级革命家。

出版社答应了萧华的要求，并请他为再版的画册作序。1962 年，为纪念毛泽东《在延安文艺座谈会上的讲话》发表 20 周年，人民美术出版社决定重印这个画册。此时，才弄清这些漫画是由当时在外交部工作的黄镇于长征途中画的长征漫画，十分珍贵。对这些失而复得的画稿，连黄镇都感到十分惊奇。应黄镇约请，萧华再次为画册作了序。当时，萧华在和有关方面负责人的谈话中说，除了画册，应该用多种艺术形式表现长征。

那时，他对夫人王新兰说，如果有一个整块的时间，他一定要写一写长征。遗憾的是，繁忙的工作一直无法使他拿起笔来。

长征途中没有流过一滴眼泪的萧华，
将感情的闸门向历史打开了

1964 年，因病赋闲在西子湖边的萧华，终于有了一次进行艺术尝试的机会。他雄心勃勃，打算在舞台上展现一个全景式的长征。

首先遇到的是艺术形式问题。萧华长于诗词，来到杭州疗养后，又集中阅读了唐诗、宋词中的一些名家之作。中国古典诗词凝练、概括、含蓄，富于极强的表现力，而且优美的韵律又使它们具备了高雅的形式美。萧华经过一番思考，很快确定了自己作品的形式：用组诗来表现。考虑搬上舞台的通俗性，他给自己定的创作原则是，有一定格律，但不囿于格律。

创作的真正难度在于对作品内容上的整体把握。萧华虽然亲身经历了长征，但他当年只有 17 岁，先是少共国际师政委，过草地后是红二师政委，只熟悉由江西出发的红一方面军的长征。对于红二、红四方面军和红二十五军的长征，则知之不多。因此，要把红军三大主力险象环生、宏伟壮丽的长征，准确地概括到一部诗歌中是十分困难的。为了理清红军长征的全过程，萧华让工作人员找来了有关长征的大量资料，投入了紧张的创作准备阶段。

从 1964 年 9 月到 11 月，萧华在杭州西湖边的一座小楼里，把全部精力投入到《长征组歌》的创作中。他以自己的长征经历作为生活基础，反复重温了毛泽东的著作。用其中关于长征的精辟论述，作为创作的指导思想。同时认真阅读了毛泽东有关长征的诗词，以及刘伯承元帅的《回顾长征》和许多老同志写的回忆录，充实丰富了创作素材。他在广泛浏览古今诗词的基础上，几经摸索，最后确定了"三七句，四八开"的格式，即每段诗用 4 个 3 字句，8 个 7 字句，共 12 行，68 个字组成，一诗一韵。这种形式，既有统一的格律，便于记忆朗诵，谱曲歌唱，又较旧格律诗自由，不受平仄、对仗的限制。找到了组歌的形式，萧华又按照长征的历史进程，从极其复杂的斗争生活中，选取了 12 个最具概括性的典型事件，安排了组诗的整体结构。这就是：告别，突破封锁线，进遵义，入云南，飞越大渡河，过雪山草地，到吴起镇，祝捷，报喜，大会师，会师献礼，誓师抗日。

萧华忘记了自己的病人身份，进入了忘我的境界。那座小楼里的灯光，常常亮到午夜……

王新兰已经彻底放弃了约束丈夫的努力。这位同样参加过长征的红军女战士，明白自己此时最应该做的，是当好丈夫作品的第一个读者。夜深人静时，她会悄悄走进那间亮着灯光的屋子，在正伏案沉思的丈夫身后静静地站一会。那时，出现在她眼前的常常是一页被泪水模糊了的稿纸……

长征途中没有流过一滴眼泪的萧华，将感情的闸门向逝去的历史打开了……

初稿写出来后，萧华又通过秘书李圭广泛征求各方面的意见，然后再进行修改。如此反反复复，经过近十次修改，以"红军不怕远征难"为总题目的长征组诗于 11 月中旬正式定稿。

为写长征组歌，在不到两个月的时间里，萧华的转氨酶增高了 4 次，体重减轻了好几斤。

这是一部呕心沥血之作。

1964 年 11 月中旬，萧华的秘书李圭和《解放军歌曲》编辑部的一位编辑一道来杭州，请萧华审听由他作词的几首队列歌曲的试唱录音。就在这次，萧华当面向他们交代了为长征组诗谱曲事宜。萧华说："北京军区战友文工团的几位作曲同志，对民族形式比较熟悉，写了不少群众喜爱的歌曲，他们又有一批较好的独唱演员。先请他们对长征组诗谱出一个比较通俗、易学易唱、具有民歌特点的曲子，争取明年'七一'或'八一'演出，以纪念红军胜利 30周年。"

李圭回到北京后，把萧华这个意思报告了总政文化部领导，将为长征组诗谱曲的任务，交给了北京军区战友文工团。

1965 年 4 月下旬，战友文工团的晨耕、生茂、唐诃、李遇秋 4位曲作者，带着为组诗谱曲的初稿，由李圭陪同到杭州，向萧华逐段试唱组诗的曲谱。因为组诗的最后两段已是长征结束之后，所以只为前 10 段谱了曲。他们在 10 首歌曲中，分别运用了红军传统歌曲和江西采茶、苗家山歌、湖南花鼓、云南花灯、川江号子、陕北秧歌等群众喜闻乐见的各族民歌的曲调，结合长征的主题，塑造了鲜明的音乐形象，把高度的政治思想内容和尽可能完美的艺术形式较好地结合起来。萧华听后很满意，对他们的辛勤劳动表示感谢。同时也向他们详细讲述了组诗的创作意图、每一段的历史背景及要表现的重点内容，并且指出了某些不够理想、还需要修改的地方。

如第一节《告别》，原曲缠绵有余而沉重不足。萧华告诉作曲家说，红军是在第五次反"围剿"失败之后，被迫进行战略转移的，因此《告别》中央苏区，大家的心情都是很沉重的，曲子应该把这种心情表现得更准确一点。萧华的话，对几位作曲家很有启发，在杭州立即就对曲谱进行了修改。试唱后，萧华认为不错，可以投入排练了。

5月初，战友文工团排出了最佳阵容，正式排练《长征组歌》。马国光、贾士俊、马玉涛等走红演员，都参加了排练、演出。

周恩来痴迷《长征组歌》，
能一字不落地唱出全部歌词

一个偶然的机会，周恩来听说战友文工团在排练萧华作词的《长征组歌》，十分高兴，立即驱车前往北京军区。他在北京军区司令员杨勇、政委廖汉生的陪同下，观看了排练。周恩来立即喜欢上了这部作品，还提了很多重要意见。周恩来对参加排练的演员说："萧华主任写《长征组歌》时是个病人，你们一定要用萧主任写《长征组歌》的精神来排练《长征组歌》！"当天晚上，他就给远在杭州的萧华打了个电话。他在电话中对萧华说："你为党和人民做了件好事，为子孙后代做了件好事。我感谢你！"

萧华握着话筒，想了半天，只说了一句话："谢谢总理！"

1965年7月1日，《解放军报》全文发表了长征组诗《红军不怕远征难》。接着，《解放军文艺》7月号也在头条位置登载。1965年8月，《解放军歌曲》第8期首次发表《长征组歌》全部词曲。

7月，萧华由杭州转至天津疗养。这时，战友文工团排练《长征组歌》已经两个多月，决定7月下旬到天津预演，请萧华审查。北京军区司令员杨勇、政委廖汉生和正在天津养病的广州军区政委刘兴元，以及邀请的京津两市的文艺工作者，一道观看了预演。萧华看到舞台上出现了身穿灰军装、头戴八角帽、腿打绑带、脚蹬草鞋的红军时，激动得热泪盈眶。

预演结束后，战友文工团回到北京，根据萧华提出的意见，又进一步作了加工排练。

1965 年"八一"建军节，《长征组歌》在北京正式演出。之后，连续演出 30 余场，场场爆满。观众之踊跃、反映之强烈，为新中国成立以来音乐会所罕见。国庆前后，战友文工团又带着《长征组歌》到上海演出了 19 场，到南京演出了 11 场，观众约 10 万人，轰动沪、宁。

在《长征组歌》蜚声国内的同时，香港进步音乐家黎草田等人，也组织了合唱，于 1965 年在香港演出了《长征组歌》，赢得了港、澳同胞的热烈欢迎。

1966 年 6 月到 9 月，战友文工团随周恩来出访了罗马尼亚、阿尔巴尼亚、苏联等国。在这些国家里，演出了几十场《长征组歌》，受到了高度评价。同年 9 月下旬，战友文工团又赴日本演出《长征组歌》，同样获得了成功。

周恩来痴迷《长征组歌》，生前一共看过 17 次演出，能一字不落地唱出全部歌词。

十年浩劫中，《长征组歌》同它的作者一样，遇到了不幸。

造反派的大字报上，这样为这部脍炙人口的艺术精品定了性："《长征组歌》是为老家伙们歌功颂德、为王明错误路线招魂的大毒草。"

《长征组歌》销声匿迹了。

1976 年初，处于弥留之际的周恩来总理，临终前提出了一点要求："找盘《长征组歌》录音带，让我再听一次。"

邓颖超想方设法，找到了一套《长征组歌》的录音磁带。它陪着共和国开国总理，走完了一代伟人的最后历程。

弥留之际的周恩来，用微弱的声音哼着《国际歌》中的"英特那雄耐尔就一定要实现"和《长征组歌》"过雪山草地"中的"官兵一致同甘苦，革命理想高于天"，慢慢阖上了眼睛……

过雪山草地

雪皑皑，野茫茫，高原寒，炊断粮。

红军都是钢铁汉，千锤百炼不怕难。

雪山低头迎远客，草毯泥毡扎营盘。

风雨侵衣骨更硬，野菜充饥志越坚。

官兵一致同甘苦，革命理想高于天。

——选自萧华《长征组歌》

高风亮节

伟大出自平凡[①]
——董必武的故事

牛立志

把外汇留给国家

1945年、1954年和1958年，董老（指董必武——编者注）受党和人民委托，先后三次出国。

第一次，他代表中国共产党和中国解放区人民到美国旧金山出席联合国成立大会，在联合国宪章上签了名；后两次，他分别代表中国政府、中国共产党和中国人民参加东欧国家的国庆典礼和党的代表大会。

在国外，他一切遵照党中央的外事政策和方针办事，大事绝不自专；遇到新的情况和问题，及时向国内汇报请示；待人接物，谦虚谨慎，不卑不亢。回国后，亲自动手给党中央写出书面报告。三次出国都出色地完成了党交给的任务。

---

① 选自《董必武传》，中央文献出版社2006年版。董必武（1885—1975），中国无产阶级革命家，中国共产党创始人之一，中华人民共和国领导人。

他在国外和在国内一样，厉行节约，克己奉公。在个人生活上，尽量精打细算，把节约下来的每一元外汇都留给国家。

现在还保存有 1945 年他在赴美期间亲笔记的一份收支账目，从中可看出他在国外是如何为国家、为人民厉行节约的。收入栏内有三项："董捐生活费美金壹仟贰佰陆拾圆整"、"董捐交际费美金贰佰圆整"和"董交治装费美金壹仟壹佰捌拾伍圆整"。节省下来的这 2500 多美元，他都用来贴补了公用。当时公家有几笔较大的开支：一是替国内的《新华日报》购买技术先进的印刷机；一是在董老主持下，由章汉夫、徐永煐①同志编印《中国解放区实录》英文版小册子 5000 册，借以向世界各国宣传中国解放区的真实情况，揭露和驳斥反动派的造谣诬蔑。他还用个人节约下来的钱为国内同志买了打字机、留声机和英语唱片等，以满足同志们在工作、学习方面的需要。

在支出栏内，连数目不大的一笔医药费和两笔邮电费，几元几角几分都记得清清楚楚。可见他用人民的每一分钱都非常仔细和珍惜。

他在国外生活上的节约程度，只讲一件小事就清楚了。当时长期居留美国，临时被委派照顾董老的徐永煐、张淑义同志回忆说：董老在国外一心为公，绝少想到自己生活上的需要。他当时用的一块毛巾很旧，都已发黑、洗不干净了，却没有想到去买一条新的。还是徐永煐同志看不过，出钱买条新毛巾给他换掉的。

1954 年那次出国，发生过两件事：

东道国送给中国代表团每位团员一笔为数可观的生活费，照顾客人们买些日用品或纪念品。代表团的活动日程安排得很紧，没有时间花这笔钱。个别团员要求给点自由时间去一次当地的百货商店。作为团长的董老不仅没有同意，而且在代表团工作会议上和大

---

① ［煐］念 yīng。

家一起商量这笔钱应如何处理。他建议留给我国使馆作为公用。有个团员表示不同意，说按照财政制度，使馆没有这个收入项目，怕不好办。董老向当时在场的我国大使问道：这样做可不可以？大使说可以。于是全体团员就都把钱留给使馆充作公用了。

在临出国前，董老15岁的儿子对一位随行的工作人员说他想要一架照相机。这位同志出国后在聊天时随便提到这件事。使馆同志就给买了一架照相机带回北京。这件事自始至终董老一点都不知道，只是当他看到孩子摆弄照相机时，追问情由才真相大白。董老狠狠进行了批评，并指示秘书立即带上相机和相当于这类相机市价的一笔款到外交部去作检讨，请外交部决定处理办法：留相机，还是留款。外交部办公厅主任王炳南同志深知董老一贯严于律己，公私分明，经过再三考虑，最后留下了相机。

"旧居不必重修"

1927年大革命失败后，董老被反动派悬赏通缉。他家（在湖北黄安县城南街，黄安县今改为红安县）的房屋被反动派夷为一片平地，旧居所在地曾有一个时期成了县里的汽车站。抗战爆发后，1938年夏，董老路经这里，当时黄安县是由抗日民族统一战线的政权治理着，县长曾征询董老意见：是否把他家的旧居修复？董必武同志明确回答说：大敌当前，国家、民族危在旦夕，应当集中人力、财力、物力支援战争，个人家里的房屋，不需考虑。

新中国成立以后，黄安县以其对革命的卓越贡献，由政务院明令更名为红安。中共红安县委曾给董老写信，建议修复旧居。但是董老再三嘱咐，旧居不必重修。1956年4月，是新中国成立后董老第一次回故乡，旧居原址仍是废墟一片。县委同志再次当面向他建议修复旧居。他坚决拒绝说：我已多次讲过不要修了，现在再讲一遍，还是不要修。红安是老苏区，当年为革命牺牲的烈士很多，要修就修个烈士祠堂或革命纪念馆。我家房屋的旧址，将来若有可能，最好办个文化馆。我愿意把我的藏书献给家乡，让苏区群众的子孙后代，多学点科学文化知识，好用来建设社会主义祖国和人民的幸福生活。

按照董老的意见，红安县烈士祠很快建起来了。董老的旧居一直到他逝世也没有修复。

粉碎"四人帮"后，红安县委按照董老生前的愿望，在董老旧居遗址修了一个文化馆。1979年底建成开放。人民群众可以在那里看电视、下棋、打乒乓球，还有皮影、鼓书等文艺节目，成了红安县的"民众乐园"。

"革命、入党不是为个人谋利益的手段"

解放初期，董老在农村的有些亲友看他当了政务院的副总理，以为他做了"大官"，纷纷写信向他提出安排工作、调动工作、照顾生活等请求。对此，董老一律回信婉言拒绝，同时还向他们讲清不能给予照顾的道理。他指出：鄙视劳动、想不劳动或少劳动而有较好的享受，是陈腐的甚至是很坏的旧观念。做工作不是做官，而是为人民大众谋利益，绝不能把革命、入党当作为个人谋利益的手段。他还指出，安排、调动工作应向组织请求，不能向他个人请求。

董老在给他的外甥的回信中写道："……你如果是青年团员，想调动工作，应向团请求，不应向我个人请求。……想凭借私人力量，以介绍方式去找工作，那是直接违反中央的政策……去年信中，批评你哥哥的错误想法，那时他就是想凭借我的力量去找较好的事情。你这次信中的提法和你哥哥去年的想法差不多，是错误的。……革命是为人民谋利益，绝不应该把革命作为谋个人利益的手段……一切革命工作都是为人民大众谋利益，人民大众的利益问题解决了，革命者个人利益的问题也就在其中解决了。"

后来，他干脆写了一封通函，打印出来，分别寄给家人和亲友，对他们事先进行教育。

在他的教导下：他的侄儿、外甥、侄孙、侄孙女、侄外孙等都一直安心在农村，安心于自己的岗位。侄儿良俊现在已年过七十，仍是人民公社社员；侄孙绍简从 20 世纪 60 年代初参加工作至今，一直安心在国营农场工作；其他有的坚持在农村当民办教师，有的安心在农村做商业工作。

"何连芝的级别不要提了"

1956 年，董老担任最高人民法院院长的职务。这一年国家机关干部调整过一次级别。在人事部门拟定的提级名单中，有董老夫人何连芝的名字。何连芝于 1933 年入党，是一位老红军，土地革命时期打过仗，负过伤，参加过长征；在陕甘宁边区做过基层政权工作；抗战时期跟随董老在武汉、重庆、南京、上海，面对敌特包围和白色恐怖，长期同反动派周旋；新中国成立后，在自己的工作岗位上，任劳任怨，尽心竭力，做好工作。她原来的级别是行政十三级，并不高，提一级完全合情合理。名单已由最高人民法院党委讨论通过，只待最后院长审批了。

董老看过名单，对其他同志提级表示同意，提起毛笔唯独把何连芝的名字勾掉了，还特地找有关同志强调说："何连芝的级别不要提了，还是先提别的同志吧！"

"尽量少给国家增加负担"

董老一生保持党的勤俭节约、艰苦奋斗的优良传统。过去战争年代是这样，新中国成立以后，物质条件好了一些，仍是这样。

他时时想着我们的国家大、人口多、底子薄，要为国家节省每一点财力、物力，个人要尽量少给国家增加负担。

除了参加国事活动穿一穿质量稍好的衣服以外，他平时穿着俭朴。解放初期实行供给制时，公家发的一套灰布制服和自己做的一套黄咔叽布制服是他最爱穿的，领子，袖口磨破了，补了再穿。他的汗衫穿得久了，双肩和背上破得像蜘蛛网一样，他还要何连芝把两件补做一件穿。1945 年出国时公家给买的一双皮鞋，新中国成立后还穿了多年。

一条毛巾他要用很久，中间磨薄了，就把两端缝在一起，成一个圆筒，转着使用，避开要破的地方。破得不能再转时，就降格当脚巾。牙刷把用断了，用丝线缠牢继续用，何连芝给他换掉，还挨了他的批评。牙签用过后，顺便蒸一蒸再用。

1952 年，组织上建议他搬到一所有较大院落的宽敞房屋去住，董老不同意，后来还是周恩来总理让有关同志一再劝说、动员，才勉强搬进去。"文化大革命"中，他主动请求搬出中南海，住进一所较小的房子。

到了晚年，他的工作少了些，他便自觉请求精简身边的工作人员，不要专职秘书，不要专职警卫，不要专门为他开车的司机，也不要专车。

1972 年冬，中央批准他去广州休养。当时他因感冒还住在医院里，大家担心他坐火车长途旅行身体受不住，再三劝他坐飞机去。董老坚决不肯，他给同志们详细算了一笔账：一架专机飞一趟广州要用多少油，要花多少钱，反复给大家讲，应当尽量少给国家增加负担。

他在家里给孩子们立了规矩，吃饭时注意不洒饭菜。如果饭粒掉在桌上，一定要拾起来，不许糟蹋。他说一粥一饭都是劳动人民的血汗结晶，来之不易。

董老这样做绝不是为了给个人家庭节省一点开支，他站得高，望得远，一心想的是给国家减轻负担。他反复说：几亿人口的大国，每个人浪费一粒米，一片纸，一点汽油，一把牙刷，几亿人加到一起给国家带来的负担，可绝不是个小数。

三请让位给年富力强的同志

1956 年，董老已满 70 高龄。他觉得自己年纪大了，身体又不好，不能像年轻同志那样干起工作来精力充沛，不知疲倦，应当遵照自然规律，自觉让位给年富力强的同志。于是他当面向中央有关同志报告了自己的想法，第一次提出了请求。当时中央没有同意。

1958 年 10 月，他再次写信给中央，请求考虑他的身体状况，不要再安排他担任负实际工作责任的职务。他写道："担任最高人民法院院长的职务，工作未做好，又常在病中，问心实在不安。这意思不是现在起的，前年已向彭真同志面谈过。明年春天即将召开二届人大，这意见请中央在重新安排国家机关工作人员时，予以鉴核。"中央还是没有同意。

1959 年 3 月，他第三次提出这个问题。他写信请中央考虑自己的能力和体力，不安排担负国家机关的任何实际职务，只在政协中安排一个不负实际工作责任的名目就够了。

董老考虑的只是如何对党对国家对人民有利，如何对革命工作有利。至于个人的职位、权力、待遇等，全不放在心上。董老早在 20 多年前，就为人们作出了"让位举贤"的好榜样。

"要通过组织解决问题"

1962 年 1 月，董老收到在外地做医务工作的侄女来信，信中请求伯父介绍她到北京医学院进修。董老回信拒绝了，并指出：应当向所在单位的组织提出申请，征得同意后，由组织上帮助联系解决。

这年 11 月，湖北省有一位和董老熟识的老同志写信给董老，请他帮助地方上解决一部发电机。董老回信说：发电机是紧缺设备，既然已经列入省的计划，就要耐心等待。还可通过省的有关部门向中央有关部门催促，此外没有别的办法。

也是这个月，董老一位少年时代的同窗老友来信向他诉说棉袍破了，想做一件新的，但没有布票，请他想法帮助解决。董老想，不能代这位老友向组织上申请补助，给组织上增加困难，只能自己来帮忙。可是他的布票数量和大家一样，也没有多余的。于是他把自己过去罩棉袍的一件大褂（做成后只穿过三四次，基本是新的）寄去，建议这位老友酌量改用，以应急需。

同年 12 月，有一位曾在董老领导下工作多年，后因犯错误受到处分的同志，请董老出面找有关领导讲讲话，以改变他的处分。董老明确答复他自己不好过问这件事，指示他：一要好好工作；二要通过所在单位的组织解决问题。

以上是随手翻阅董老一位秘书在 1962 年"工作日记"中记载的几件事。

董老这类不徇私情、坚持原则的事例很多，给人留下了深刻的印象。

1927 年大革命失败后，董老被反动派悬赏缉拿，同事李汉俊（中共一大参加者）、詹大悲，被捕四小时即遇害。情况十分危急。他在一位朋友的协助下，化装成水手乘船侥幸逃出武汉。对这位朋友他当然十分感激。新中国成立后，这位朋友的一个亲属因犯罪被判刑送往边疆农场劳改，这位朋友请董老帮忙将他调回内地农场，也被董老婉言拒绝了。

20 世纪 60 年代末 70 年代初，下乡知识青年托人找关系进工厂、参军、上大学的很多。凡有人来找董老帮忙解决这类问题的，如果要求合理，他建议向组织上提出申请；要求不合理的，他都耐心教育，婉言拒绝。有的人看到董老的小儿子还在农村劳动，也就不好意思向他张口了。

对干部子女"要严格要求"

1969 年下半年，董老的小儿子到河北晋县农村劳动刚刚半年，就听说当地党组织要发展他入党。董老说："不能因为他是我的儿子，就这样快地吸收他入党，一定要让他再磨炼一个时期才好。"董老要何连芝写信给那里的党组织说明这个意思。过后，他还是放心不下，又要何连芝亲自去晋县向当地同志再三强调：千万不要因为孩子是干部子女就讲情面，要严格要求，只有真正具备了共产党员的条件，才能吸收他入党。

1971 年 10 月初，北京各机关的很多同志都知道了林彪搞政变未遂，外逃叛国的事件。董老的女儿和女婿在外面也听说了。他们深知，爸爸绝对不会把按照党的规定应当传达到某一级人员的情况告诉他们。但是女婿还是忍不住单独找董老聊天探问这件事。董老对女婿说："你和我都是党员，是同志，你现在来问我，我不能向你扯谎，所以我跟你讲有这件事。但是你不准去跟她（指女儿）讲，因为她不是党员。"

现在董老的女儿早已入党，她在回忆这件事时说：从她懂事时起，她们家里就严格地有党内、党外之分。党内的事，非党员是不准打听的。

办案"要特别注意划清两个界限"

1955 年 10 月上旬，董老代表中共中央前往乌鲁木齐市参加新疆维吾尔自治区成立的庆祝活动以后，返京途中经过甘肃兰州，他不顾旅途劳累，向当地政法部门的负责干部了解甘肃省对敌斗争的形势以及政法工作的情况和问题。甘肃省法院和省检察院的负责人向董老汇报了该省宕昌、武都两县发生的两起案件，因为政法部门和省委负责人看法不一致，处理不下去，他们向董老请示应如何处理。

宕昌县案件的案情是，因为天旱，群众为求雨搭台唱戏谢神，干部强行制止，引起纠纷，一个乡文书挨了打。当时省委负责人认定是现行反革命活动，硬要把四个农民判处死刑，一个判无期徒刑，两个判长期徒刑。司法部门不同意，认为不能定性为现行反革命。

武都县的案情大致相似，省委负责人也要把有关当事人分别判处死刑，无期徒刑和长期徒刑。

董老听了汇报，又调阅了案卷，认真了解和分析案情以后，严肃指出，农民仅仅打了一下干部，不能说是反革命。农民有封建迷信思想，只靠政府下命令、强行干涉是不行的。天不下雨，庄稼枯干，我们又解决不了下雨的问题，农民只好去向神明求救。农民急得要死，干部简单粗暴，岂不是火上浇油？过去在延安，农民把龙王爷抬着到处走，有谁干涉过？群众打了干部，当然不对，但怎么能杀那么多人，判那么多人徒刑？这些人是无罪的，应当立即释放。

他又召集政法部门负责人，包括主管政法工作的省委书记处书记、副省长和省监委秘书长一起开会，再三强调，政法部门办案，要特别注意划清两个界限：一是要弄清有罪还是没有罪；二是要严格区分是敌人还是人民。在具体量刑时，要弄准该杀不该杀。不该杀的如果杀了，就是犯了严重的、不可挽回的错误。他还针对宕昌、武都发生的这两起案件指出：要好好教育下边的干部。

　　离开兰州前，他特地给甘肃省的政法干部题了词："有反必肃，有错必纠"，"防止偏差，不冤枉一个好人，提高警惕，肃清一切特务分子。"

　　根据董老的指示，甘肃省组成省、地、县三级工作组，再次进行调查，由省法院作出裁定，纠正了这两起重大冤案。

　　1957 年 5 月，董老在最高人民法院作报告，讲到法院的职能时说：法院代表国家执行审判任务，对反革命要审判，对人民内部犯罪也要审判，同时对民事纠纷也要处理。法院既是专政的机关，也是调整内部矛盾的机关，两方面作用都有。他特别强调指出：不能把思想问题当作犯罪来判刑。他问道：只有反革命思想怎么能判罪？

"干部是党和国家的宝贵财富"

　　"文化大革命"初期，董老在一些小报上看到许多老干部被说成是"叛徒"、"特务"和"投机分子"，非常生气。他对秘书说：经过多年党的反复审查和实际斗争的严峻考验，"叛徒"、"特务"、"投机分子"在党内是存身不住的，早就被历史淘汰了。小报登的这些东西不是实事求是的。

　　据在董老身边工作多年的同志回忆，董老从来没有讲过哪位老同志的错误或短处，与此相反，他多次讲朱老总、叶帅、陈老总等的历史功绩。特别使人受教育的是，1969 年 5 月初，"九大"刚刚结束，他请秘书（是党的支部书记）召开一次支部会，由他给同志们讲一讲参加"九大"的感想和体会。会上，83 岁的董老，以一个普通党员的身份，结合自己入党近 50 年的亲身经历，给大家详细地讲了一次党史，整整讲了三个半天。他高度赞扬了毛主席、周总理、朱德委员长以及邓小平同志、叶帅、陈老总等老一辈无产阶级革命家为革命建立的丰功伟绩。

"文化大革命"中，董老给许多同志实事求是地写了证明材料，澄清了事实真相，肯定了他们的贡献。

他认为干部是党和国家的宝贵财富，应当尊重和爱护他们。不管干部大小，董老都平等相待。

董老认为干部是党和国家的宝贵财富，但绝不是哪个人的私有财产，不属于个人私有。党派谁到他领导下的单位和部门工作，他对谁表示欢迎；党调他领导下的同志到别的部门去，他也不讲二话，热情欢送，绝不搞干部私有制。董老党龄长，威信高，影响大，但他从来不拉山头，不搞宗派，他对派性深恶痛绝，终生坚持了崇高的党性原则。

"群言堂！"

"文化大革命"中，封建家长制占了上风，独断专行的一言堂窒息了民主集中制。

董老对这种恶劣作风非常不满。到 1974 年他实在忍不住了，连续多次给请他题字的同志书写"群言堂"的大字横幅。第一次分别写给王震和谷牧同志；第二次写给小儿子劳动所在地的河北晋县周头公社；第三次写给他的侄女；第四次写给广东省的佛山地委，那已是这一年的冬天，他不久就与世长辞了。

群言堂，要发扬民主！要广开言路！要让人说话！这是董老在临终前不久对人们的大声疾呼和谆谆告诫。

事无巨细，一丝不苟

董老一贯对工作认真负责，事无巨细，只要是党的需要，他都是一丝不苟，以极其严肃认真的态度，尽最大的努力去完成。下面仅举外事活动为例。

1959 年春天，他在二届人大一次会议上当选为国家副主席。宪法规定，他和刘少奇主席、宋庆龄副主席一起承担接受各国新任驻华使节递交国书的任务。

按照惯例，接受国书，只需做短暂的礼节性交谈，无须进行长时间谈话。董老却认为这是加深两个国家的相互了解、增进双方友谊的一个机会，因此他常和大使交谈一两个小时以上。每次见面前他都要认真看材料，看书，了解该国的政治、经济、历史、文化、资源等情况，事先做好准备。以他的高龄，他对情况的熟悉和数字的记忆，常使外交部陪同接见的同志感到惊讶。

1962 年春天，董老忽然得了三叉神经痛，其后一个时期，多次发病，发病时疼痛剧烈，不能张口，不能吃饭，不能讲话，也不能入睡。有时外国大使到任，而刘主席和宋副主席又不在京，或工作忙，不能接见。但必须尽快安排接受国书，不然要被误会为怠慢。董老只好请医生为他做三叉神经麻醉，带病坚持接见。

十年浩劫中，由于对党、国家和人民前途的忧虑，董老心情郁闷，患了不治之症，他的身体遭到疾病的极大折磨。在逝世前不久，1975 年 1 月 16 日，他还接见了马来西亚首任驻华大使。这是董老最后一次接受外国大使递交的国书。

毛泽东称赞父亲是个厚道人①

聂　力

我常常想起父亲，我常常梦见父亲。在他居住了 43 年的老院子里，他坐在那把旧了的轮椅上，把自己置身于明丽的阳光下；他微笑着望我一眼，一言不发，而后，他微微抬起头来，深邃的目光望向湛蓝的苍穹。在他 1992 年去世以后，不知有多少次，我梦中的父亲就是这样一个姿势……

一

1958 年，在一次军委常委会议上，毛泽东说："聂荣臻②是个厚道人。"不久，主持军委日常工作的彭德怀，在扩大会议上，传达了毛泽东主席的那句话，彭老总说："毛主席说'聂荣臻同志是个厚道人'。我再加一条，用我们湖南话说：荣臻同志是个'驴驹子'，就是北方的'小毛驴'，死了也可以瞑目了。"

彭老总所说的"驴驹子"，就是北方的小毛驴。毛驴吃得少，干得多，走得远，能负重，和后来人们常说的"老黄牛"很相近。彭老总的意思是，毛主席给了父亲这么高的评价，父亲可以满足了。

---

① 选自《我的父辈》，上海人民出版社 2009 年 10 月版。
② ［聂荣臻（1899—1992）］，中国无产阶级革命家、军事家，中国人民解放军创建人和领导人。

　　对于十大元帅，毛泽东基本上都有过评价。比如他评价彭德怀："谁敢横刀立马？唯我彭大将军。"他评价叶剑英："诸葛一生唯谨慎，吕端大事不糊涂。"

　　毛泽东对我父亲的这个评价，很多了解、熟悉父亲的人，都认为是很中肯的。在他们眼里，父亲对党无限忠诚，大局观、组织纪律观念很强，作风正派，为人忠厚，严于律己，宽以待人，温良谦让，遇事敢于承担责任，顾全大局，不争功，不诿过。尤其是他从来都光明磊落，胸怀坦荡，不搞阴谋，更不背后整人。

　　毛泽东是人，不是神，但他看人往往能一针见血，有超越常人的一面。他评价我的父亲是厚道人，不会是凭空臆想出来的。他一定是通过很多的细节观察出来的。在他主政的漫长岁月里，少不了有人到他面前争宠、争功、告状、揭发，明哲保身，压别人抬自己。他一定发现了，那个叫聂荣臻的人总是很谦逊，总是很含蓄，总是不去说别人的坏话，总是少说多干，能忍则忍，谨慎为佳。

　　因此，毛泽东作出那样的评价也就自然而然了。

　　父亲是个敢于承担责任的人，遇到事情，别人不敢站出来，他敢站出来，功劳是别人的，责任是自己的。最典型的例子，莫过于1936年东征回到陕北后，在大相寺会议上坦然认错。

　　1944年，晋察冀开高干会议，进行整风。会上，有人给父亲提了不少意见，这里面有很多是过头话，是不实之词，甚至有些是人身攻击。这给在延安参加整风的父亲造成了很不好的影响。他的情绪一度低落。抗战结束，他回到晋察冀，那些说过他坏话的人，诚惶诚恐，生怕挨整。可是父亲一律不计较，该使用就使用，没听说哪个人受到打击排挤。萧克回忆说："他对那些同志，始终采取与人为善的态度。所以，他在老同志那里有这样一句看来很平常却又极难得的评价：'聂荣臻不整人'。"

　　解放初期，父亲代理总参谋长时，有一天，毛泽东把他叫了去，一见面就猛批，原因是毛泽东认为一封比较重要的电报，没经他看，总参谋部就以中央军委的名义批发了。毛泽东严厉地说："以后不能越权，凡是以军委名义发的电报，一律先送给我看过以后再发。"

父亲当时就知道，毛主席批错人了，但他却没有吭声。

后来，工作人员在翻查前一阶段的电报时，发现毛泽东批评的那封电报是军委办公厅主任张经武以军委名义下发的，而不是父亲批发的。也就是说，父亲替张经武挨了批。有人怪父亲，为什么不和毛主席讲清楚，背了黑锅。父亲说，讲什么呀？以后都注意点，不再出现这种事就是了。

张经武得知事情的真相后，大为感动，说："聂总这个人，真好。"

二

父亲的厚道还体现在严于律己。20 世纪 60 年代初，林彪主持军委日常工作后，叶群当了他的办公室主任，中央军委和总部领导人的办公室，也陆续安排了首长夫人担任办公室主任。

1962 年的一天，军委办公厅主任萧向荣来到我家，对父亲说："现在首长夫人都回来担任首长办公室主任了，可是你这里的主任还是范济生，范济生已经到国防科委任办公室主任、副秘书长了，你的办公室就让瑞华同志回来当主任吧。"

萧向荣还说："只要瑞华同志同意回来当办公室主任，一切手续都由我来办。"

秘书们心里也很赞成，因为别人家都是这么干的，顺理成章。可是，父亲考虑片刻，口气坚决地说："不要回来，她一直在地方工作，20 世纪 30 年代就在地方工作，她没有在部队干过事，她到军队来干什么?"又说:"她不懂军事,回来干什么?"

就这样,父亲把这件事给顶回去了。母亲一直在中组部工作到退休。母亲是个老资格,1952 年定行政级时,她就是 8 级干部,直到她 1995 年去世,仍然是 8 级干部,半辈子没调过级,父亲身边的工作人员也觉得不合适,想给上级反映,父亲批评说:"这是组织上的事情,你们不要管。钱够用就行了,什么级不级的。"

父亲对家人的用车有着严格的规定,他不准我们(包括母亲)随便用公家的车。我记得,20 世纪五六十年代,母亲总是每天一大早就赶公共汽车到中组部上班,还自己带饭。有一次乘车时,太拥挤了,母亲被挤下来摔在马路边,额头肿了一个包,可她仍然坚持乘公共汽车。她对我说:"你爸爸的车,不该我们坐。我们坐上了,心里也不踏实。"

关于乘车,我身上也发生过一个有趣的故事。20 世纪 50 年代我在师大女附中读书时,一个寒冷的冬天,雪下了一夜,地上的雪近半尺厚。早晨,我推出自行车去学校赶早自习,范济生秘书看见了,决定派父亲的吉普车送我。我就是不同意,说:"爸爸说过多次,不让我坐他的车。再说,同学看见影响不好。"范秘书担心路滑难行,就对警卫员使个眼色,警卫员趁我不备,把自行车锁上,拿着钥匙跑开了。

司机怕发动汽车引起父亲注意,叫范秘书等人帮着把车推到街上。我无奈只好上车。车到西单皮裤胡同口,离学校还有很远一段距离,我怕被同学发现自己搞特殊,坚决要求下车,然后挽起裤脚,踏着没脚的雪去了学校。

在家里,父亲对我们这些晚辈一贯要求严格,他对某些高级干部子女为非作歹而家长又百般包庇纵容,十分反感,曾大力呼吁"今后考核干部时,也把他对子女的教育情况列为德才表现之一,认真考核。把这一问题看得重些,才能引起足够的注意"。又说:

"如果不正之风在家庭里代代相传，那就不要多久，我们民族的精神、党的优良传统都将荡然无存，岂可无虞！"

父亲是有资格说这种话的。我是他唯一的女儿，我安心干我的工作，从来不给他添乱，我爱人丁衡高也是一心一意搞事业，我和老丁唯一的女儿聂菲，更是个规规矩矩的孩子，从小就听爷爷的话，从小就知道艰苦朴素。裤腿短了，接一块，继续穿。

说句老实话，我们这些做晚辈的，从没在外面惹过事，更没给父母丢过脸。

每每谈起高级干部的家风，父亲赞扬过陈毅、陈赓两家，说他们两家家教好，孩子们懂礼貌，忠厚传家。意思是让我们学习人家。

父亲厚道惯了，全家人都受他的影响。他对我们和孩子都说过，要懂得如何尊重别人，诚恳待人。父亲的厚道表现在诸多方面，他对党、对领袖、对战友、对下级、对同志、对普通人，都是一样的厚道。对身边的工作人员，哪怕是面对一个护士、一个战士，说话时他也非常注重礼貌，不管让别人做什么事，他都要说"请你"什么的，从不颐指气使，指责他人。

也许正因为他是个厚道人，他去世之后，才有那么多的人怀念他、念叨他。人们怀念他，为他落泪，并不是因为他当多大的官，也不是因为他是个元帅，而是因为他具有让人感动的品格。

他活了93岁，是最后一位去世的元帅，而且是在睡梦中不知不觉仙逝的，死前头脑一直清醒，极少犯糊涂。晚年，父亲也曾经念叨过，自己打了一辈子的仗，没受过一次伤；搞过地下工作，没被捕过，算是福大命大之人。有人说他是"仁者寿"；也有人说他是"福帅"。

回忆刘志丹同志二三事[①]

孔令甫

1933年11月里，在陕北洛河川刘老庄战斗中，敌人的一颗子弹，把我左腿的迎面骨打穿了。我赶紧解下已被鲜血染红的绑腿，把伤口紧紧扎住。

我班战士周锁同志想把我背下来，但他身小力薄，哪能背得动我这大个子呢？而且敌人还在向我们猛烈地射击着。我拉着周锁的手，迅速撤到一个坟头后面，"叭！叭！"几枪，把眼看要冲上来的几个敌人打倒了。这时，指导员从后面赶了过来，他说："我掩护你快下去！"我才扶着周锁同志的肩膀，翻过一个山头走到一个山腰里休息。

战斗结束后，大家都来看我。刘志丹同志也来了，他一边问我："怎么样？"一边蹲下来看我的腿，他看到地上滴了一片血，又问我怎样负伤的，最后他站起身来说道："骑我的马走吧！路上多注意些！"并对站在我身旁的周锁同志说："要好好照顾你们孔班长！"

这时，太阳已经被西边的山头遮住了，我身上冷得发抖。我们没有根据地，伤员病员没有地方休养，敌保安团成天搜山查户，不能住在群众家里，在这种情况下，两条腿是多么重要啊！爬山越岭，蹚河渡水，全凭腿，奇袭敌人全凭腿，可是我偏偏腿上负了

---

① 选自《星火燎原》全集精选本，解放军出版社2009年9月版。刘志丹（1903—1936），中国无产阶级革命家、军事家。

伤！整个部队只有两三匹马，是供首长们行军骑的，首长不能没有马。我们当战士的，住下躺倒就睡，可是首长们还得侦察地形，了解分析判断敌情，决定行军路线，有时他们要整宿地看地图，和老乡谈话，考虑问题，研究敌情，他们几乎很少休息，只有行军时在马上休息片刻。刘志丹同志经常骑在马上打盹，有不少次他从马上摔下来。马，对他来说是多么重要呀，可是他现在把马让给我了，而且不止一天两天，他自己却要跟着部队步行……我想着，我的心激动着。

我骑在马上，受伤的腿在马身上耷拉着，软绵绵地像挂在身上似的，来回摆动。马鞍马镫被血染红了，连白马的半边身子也被染成紫色斑马了。我跟随部队从小树丛和长满荒草的羊肠小道中穿过，崎岖不平的山路，马很难走得平稳，我的伤口被震动、挂碰、摆动得剧烈疼痛，豆大的汗珠，一颗颗从脸上掉下来，我咬着牙支撑着老往右歪的身子，周锁同志看到我苍白的脸上满是汗，便不断地告诉饲养员老陈，叫他把马牵稳些，走慢些。

天傍黑时，终于到了宿营地，周锁同志把我安放在司令部附近的房子里，刚把我抱到炕上，我便昏迷过去了。

昏迷中我隐约听到有人来看我，听到周锁同志说："路上他疼得实在够戗，他恐怕不能再骑马了！""那你就绑副担架，咱们架着他走吧！"

我清醒过来，天已快亮了，我看到周锁同志不知从哪里找来两根木棍，用绳子绑好了担架床，上面还放了一些茅草，我在他搀扶下，躺到担架上，没多会儿，我又昏昏地睡过去了。

当我再次醒来，睁眼一看，我的担架放在一片长满荒草的山沟里，部队有的人在烤火，有的在跺脚，也有的在来回跑步取暖，我口干得像两片枯树叶子似的，几乎说不出话来。周锁同志弄来一碗水，让我喝了，他望着我小声地说："你知道你怎样到了这里的吗？

是老刘和王司令员亲自抬你来的！"我挣扎着支起身子，以为自己没听明白："什么？刘志丹同志抬我来的？……你怎么让他抬呢？"接着周锁告诉我："出发时，咱连同志大概认为你有马，便没派人来。老刘来看你，他见只有我和老陈，便让老陈牵马，老陈说：'刘参谋长你骑马走吧，我和周锁同志抬孔班长！'老刘笑着说：'论岁数你比我大，论力气你可没我大！'我也帮老陈说，老刘不让，他抓住担架说：'不要耽误时间了，快走吧，部队已出发了。'正在这时，王泰吉司令员也来了，他也不让我抬，结果他二人一气抬了十多里地，到了这里。路上，我和老陈要换换他们，他们也不让换，说老陈年岁大了，说我年岁小，力气薄。他们抬得又快又稳，你一路连醒也没醒。唉，真……"

他一边说着，我的泪一边不由自主地往下掉，几乎哭出声来。

我在刘志丹的农民朋友雷三的掩护下，躲过了敌保安团的几次搜山查户，不到一个月，伤口逐渐好了，挂着棍子脚尖可以点地活动活动了。

12 月里的一天，有一个老乡给我捎口信说："咱们的队伍转过来了，离这村有三四十里地。"我久已渴望回到部队去，听到这个消息后，高兴得几乎跳起来。

我挂着棍子一拐一蹦地一气走到司令部。这时部队已改编为陕甘红军第二十六军。刘志丹一见了我便问："伤怎样了？"并且让我卷起裤腿来看了看。我说："好啦，没问题啦，可以回连里了！"他说："恐怕到连里去还是不行，你还是在司令部里休息几天再回连！"

这时，已到腊月，我身上只穿了一套单衣，因为我腿上负伤，所以便狠心把保存下来仅有的一条单裤也穿上了，但这哪能经得起陕甘高山上的寒风呢？特别是在夜间行军时，我骑在刘志丹同志的马上，那腿和脚冻得简直像乱针扎的一样。战士们冷了可以跑步、踩脚，我呢，骑在马上不方便，下了马，这条伤腿也不能跑步踩脚，不几天，我的腿又红肿起来。夜里和刘志丹同志睡在一个炕上，虽然比行军时要暖和许多，可是谁也没有被子和大衣，只是把炕烧得热一些，真是身下过"中伏"，上边过"三九"，像摊煎饼似的，这面熟了烤那面。我因为行军非常疲劳，又加腿疼，梦中好像有条毒蛇在咬我，不由得"哎呀"叫了一声，这一声把刘志丹同志惊醒了："是腿疼吗?"他坐起来，点上小油灯，看了看我的腿，说："哎呀，糟糕，已经冻肿啦，要不穿暖和些，会冻坏的!"我说："我把全部家当都穿上了，比你们还多穿了一条裤子哩!""多穿一条单裤顶啥事，得想办法弄条棉裤才行啊!"我心想：到哪里弄棉裤去呢? 老百姓一个棉袄爷爷穿了孙子穿，一传三四辈，陕甘地区缺棉花，有钱也买不到，部队里谁都和我一样。这时，他也低头在想。忽然，他把他那床破烂不堪的小棉褥子拽了出来："就用它做条棉裤吧!"我坚决不同意，因为这是他仅有的一床又薄又小的棉褥子，这床褥子行军冷时他当大衣披，宿营时当被子，我怎么能要呢? 他身体的健康，关系着整个部队，关系着陕甘的革命呀!他见我推辞，就哧啦哧啦地把褥子的四边拆开了，很快地把棉花掏出来。又把经理处长（"后勤处长"）喊起来，让他动员隔壁的房东老大娘帮助缝缝，他叫我把两条单裤子都脱下来，让处长拿走了。当夜，刘志丹看着我穿上了棉裤，这才放心了，又躺下睡着了。可是我心里却像翻江倒海似的睡不着……

20 多年来，每当我残废的腿隐隐作痛的时候，刘志丹同志的形象，他那有着两撇黑胡子的慈祥而又刚毅的面孔，他那稍有驼背的身躯，他的笑容，便会出现在我的面前，好像他仍然活着似的。

在陕甘边区，只要一提"老刘"，从六七岁的小孩到六七十岁的老太婆没有一个不知道的。我们部队不管走到哪个庄里，人们只要知道了是"老刘"的部队，小孩子便牵着你的手往家拉，老太太便赶快腾房子，年轻的妇女便给你要脏衣服去洗。群众都不称呼"刘志丹"，而是亲切地叫"咱们的老刘"。

刘志丹同志领导群众闹革命，走遍了陕甘的广大村庄，他对群众的一切情况都了如指掌。有次团长分配我连宿营在一个只有三四户人家的小村，我当时是连长，我觉得那么个小村子怎么能住下一个连呢？我就给团长提意见说住不下，当时刘志丹同志恰巧也在场，他就对我说："你去吧，那个村保险住得下，那村里有×户，房子××间，锅××口，炕××个，你们到那里，煮饭、睡觉都不成问题！"我听了，不大相信，心想：你对这个地区的地形再熟悉，对群众情况摸得再透，和群众的关系再密切，莫非连哪个村有几户，谁家有几口锅几个炕，你也知道？要是错一点，看我不回来给你提个意见。我二话没说，敬了个礼，走了。部队到了那个靠山的小庄上，我头一个先进了村，挨家看了看，什么话不说，进门就先数数有几口锅，几个炕，等我数完以后，果然和老刘说得一点不差。我惊讶地在村外待了好一会儿，直到指导员问我："孔连长，这里能住得下吗？"我连声地说："住得下，住得下！"

陕甘边区洛河川有一条山梁，是过去"回民起义"时的一条大道，几百年来这条路已经没有人走了，这条山梁曲曲弯弯地通过很多山峰，绕过很多山沟，现在长满了一人多高的荒草和小树，老百姓都称它是"百八十梁"。

有一次，我们部队为了避免敌人的追剿和保守行军秘密，就顺着这条山梁转移。我们走在最前头，当时没有指南针，走了不久便迷失了方向，前边是一个高峰，过不去了，部队只得停下，正在寻找道路，刘志丹同志来了，他很详细地告诉大家："先从这座山峰的右边绕过去，再往左拐，到前边的山峰时再往右拐！"按照他指定的方向，果然走得很顺利。天黑了，部队又停下了，白天从这条山梁中走就很不容易找到路，夜间更没办法。这时，刘志丹同志便亲自率领部队，左拐右绕。一夜之间很顺利地通过了这条山梁，到达了目的地，摆脱了敌人。

刘志丹同志在部队中的威信不是靠行政命令建立起来的，他爱兵如子、作战勇敢、联系群众的优秀品质和作风，像春风雨露一样滋润着全体指战员的心。我们部队能坚持陕甘游击战，能不断扩大，经常神出鬼没地打击敌人，没有刘志丹同志的领导是不可想象的。

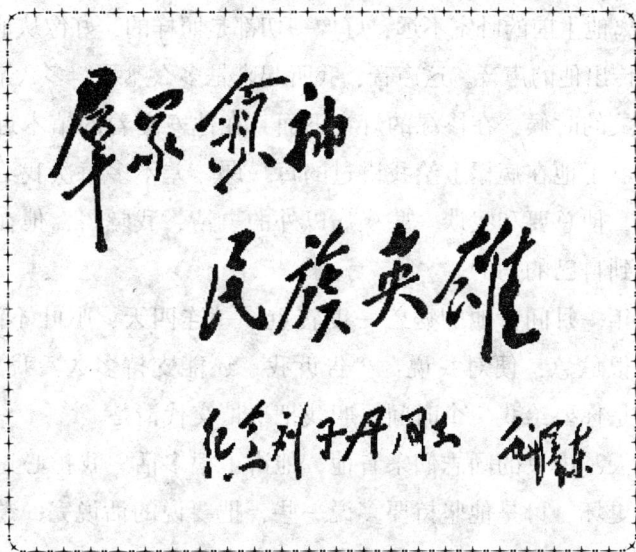

群众领袖

民族英雄

纪念刘志丹同志　毛泽东

关向应同志在病中①

黄 眈

一

关向应同志和我们永远分别了。他和死亡搏斗了整整五年。在他停止呼吸的前五分钟，他还在说："不要紧，我还会活下去的。"灵堂距离他生前的卧室不远，好像一切都是照样的，好像从他的卧室依然在传出他的声音。这声音，我听起来是多么熟悉、多么亲切啊！

护灵的时候，在惨绿的灯光下面，在他安睡着的棺木近旁，我重新温习了他在病榻上给我讲过的每一课。差不多每次我给他看病的时候，他总要和我谈一些疾病以外的事情，我觉得，他在病中是不大想到自己的病的。

今年一月间，他的病曾一度转重，一连四天，呕吐不能进食。他知道很危急，便对我说："告诉我，还能支持多久？我并不怕，主要的是你要给我一个时间，叫我把事情交代清楚。"

隔天，中央的同志们来看他，他讲了很多话。我担心这样会使他的病更坏，可是他坚持要多说一些，把要说的话说完，总愿意尽量多贡献一些意见，能够使革命早一点成功。

那一次危险终于渡过去了。像是在一场激烈战斗之后，终于得到胜利一样，他向我闪着兴奋的眼光："很好，没有弄得措手不及。

---

① 这篇文章写于 1946 年 7 月，发表在当时的《新华周报》上。关向应（1904—1946），中国无产阶级革命家。

是吗，为什么死呢，我还要起来做事情呢。"

过后，他和我谈起人在垂死时的心情，他严肃地说："留恋，自然会留恋的：母亲留恋她的儿子，农民留恋他的土地，革命者留恋他的革命事业。正因为这样，所以如果糊里糊涂地死了，没有办完的事来不及交代，那是非常痛心的。"

二

他是从去年六月间又重新病倒了的，七月间我开始给他看病。我搬到他那里去的一天，正是他第一次发生了肠胃的症状。他日夜不能安眠。我告诉他，那是由于一时的消化不好，他便很有自信地说："那就不要紧，自己会好起来的。吃了一次大亏，可是以后吃东西知道注意了。"我发现他在精神上对于疾病的抵抗，有惊人的毅力。

稍稍恢复之后，阿洛夫同志来看他，他们谈了十几分钟，不外是关于当时国际形势的话。最后他抖擞着精神说："中国人一定要胜利的，非胜利不可！"说到这个的时候，他的神色完全不像一个病人。

他没有一刻不想到政治问题，在养病上，这对他是不好的。他知道这个，可是不能摆脱。"二十几年的政治生活，已经养成习惯了。"他说。就是对于照护他的警卫员们，他也时时不放松政治教育。我时常向他表示，这些事情他管得太多了。

"我尽量不管好了，"他这样讲，"可是很难。只要问题叫我知道了，我就不能把它放在心里，总要马上解决，这也是我的习惯。"

唯一的办法，自然是有些事根本不叫他知道。可是这也不行，他总会知道的。有一次他笑着和我讲："我总会知道的。从人的一举一动上，可以看出他的思想、情绪，这个我很熟悉。"

三

精神好的时候，他也谈打仗的事情。可是从几次的谈话里，我看出他是极不喜欢战争的。

他这样讲"在战场上的当时，是没有悲哀的情绪的，这很奇怪；可是过后你就会回忆起那些自觉地死去的同志。在战场上，死是完全自觉的，有时候明知道会死，还是慷慨去赴死，因为在脑子里有一个信念：将来不会再有战争了。"

为了使他不致终日盘桓在政治思想里面，我时常和他谈谈文学和艺术。他非常喜爱文艺，特别喜欢诗。在我搬去的第一天，他就叫李冰同志把一部杜甫诗集和一部陆游诗集送到我的屋里。他说陆放翁是一个豪迈的爱国诗人，他再三赞叹而且神往地背诵着陆放翁的《示儿》诗："死去元知万事空，但悲不见九州同。王师北定中原日，家祭无忘告乃翁。"

几天之后的一个夜里，日本投降的消息传来了，他整夜没有入眠。

他也记诵了很多反战的诗。

"诗印在人的心里，那么深刻，随时它会跳出来，不知不觉地挑动起你的情绪，特别是在你身临其境的时候。有一次，我带着队伍走到无定河边，有人告诉我：'这是无定河！'我不自主地毛骨悚然了，因为那两句古人的诗'可怜无定河边骨，犹是春闺梦里人'猛然跳出来了。"说过之后，他连连地感叹着摇头。

他不能读书读报。为了使他消遣，我给他借了几本珂罗版印的字画。有一天早晨，他把我叫到他屋里，拿出一幅石涛的画给我看。"石涛也有牢骚的，他不只画陶渊明，也画有意思的东西呢。你看这两句诗。"

　　我凑过去看，那是一幅山水画，在残山剩水中间，有一个垂钓的老翁；石涛自题的诗，有两句是："可怜大地鱼虾尽，犹有垂竿老钓翁。"

　　"这一定是针对着清朝的。"他说，然后肃然地形容着石涛当时的心情："地皮已经刮得干干净净了，你还钓什么呢！"

　　他的记忆力很强，能够背诵出《水浒传》或是《聊斋》里面很多句子，那些句子都是非常有风趣而且富有政治意义的。有一次，他背诵《聊斋》里面讽刺做官的人的句子："问何以为官？曰：出则兴马，入则高坐；堂上一呼，皆下百诺；见者侧目视，侧足立……"然后大声地笑了很久。他说他在养病的初期曾读了不少的书，特别是读了几遍《春秋左传》。

四

　　一年以来，有很多政治上的变动使他的心情不得宁静。同志们竭力避免把一些容易使他感情激动的事告诉他。王若飞等同志的遇难，他始终不知道；在他死的两个星期以前，他还偶然问到了黄齐生先生。可是有些时局的变化，他总想知道。"如果不告诉我知道，我会想得更多，失眠得更厉害。"

　　有的同志离开延安，向他告别，他每一次都激动得厉害，会因此回忆起许多事情；当我进去看他的时候，他便片段地谈了起来。去年贺龙同志临走的时候，很仓促地给他留了一封信。我去看他的时候，他哭了，他说："我和他一起打了13年的仗，始终没有离开过；现在，他一个人去了。"

　　一个月以前，在他搬家不久，八团的政治委员左齐同志来看他，李冰同志进去和他讲了之后，出来告诉我："他忽然呼吸很困难，恐怕不能见。"我进去看时，他痛楚地闭着眼睛，两颊的肌肉不断地抽搐着。我便把这情形告诉了左齐同志，而且请他不要会见。左齐同志问了我们一些最近的生活情况，便回去了。

过了一会，他叫我进去。这时他连声地咳嗽着，好久说不出话。平静下来之后，他戚然叹息着："听到他们，我太激动了。左齐同志到八团去工作，是我和他谈的话。这些干部们害了病或是带了伤的时候，我都去看过他们。八团的团长陈宗尧同志，已经在战场上牺牲了……"说到这里，他已经满脸都是泪水，再不能说下去了。

他和续范亭同志有深切的友谊，在病中，他们互相不断地慰问。每次我从柳树店回去，他总要问："续老怎么样？"在他死前两个星期里，续范亭同志派人来看他，给他带了一封亲笔信，说要送他一副担架床。他把我叫了过去："你替我给续老写一封信吧，说我已经做了一副担架床，谢谢他。如果他最近写了诗，请他叫秘书抄几首给我。"

几天之后，续老把亲笔写的诗送来了，他把它贴在墙上，整天可以看到。凡是续老寄来的信，他都仔细地保存起来，绝不让它遗失。

有一次，他这样提起了续老："读了他的文章和诗，恰如看到他这个人。一个人对于人民如果没有深厚的感情，什么事情也做不出的。续老之所以对反动势力这样痛恨，正是因为他对人民有极深厚的感情。"

五

"对反动派，不要存任何幻想。"有一次谈过时事之后，他这样对我讲。他说过之后，望了我很久。我明白他的意思，从他的表情上可以看出，他是在告诉我："把这一把钥匙拿去吧，这会解开一切的。"

哪怕是对于很平常很细小的事情，他都很仔细地听我怎样讲，然后给予我简单明确的纠正。

"很多事情，书本上是没有的，看病也一样。不然，还谈什么发挥、什么创造呢？"

当他谈起医学上的派别现象时，他说：

"学说不同，争论是难免的，有争论才会有进步。可是如果我从美国回来，就说美国的一套完全对，你从日本回来，就说日本的一套完全对，学生总是跳不出老师的圈子，这无形中是老在给人家做奴隶，做义务宣传，建立不起来中国自己的一套。"

他对任何事情都经过深思，然后给以适当的估计，绝不做夸大的形容。他说："凭一时的热情看事，有时候会看偏了的。有些作品，粗粗看一遍还可以；仔细一想，就要替作者脸红了。鲁迅就不同，他总是稳扎稳打，经得起推敲。"谈到中国的旧医学，他曾讲过下面的话：

"中医，针灸，这里面有好东西，整理和研究很必要，可是目的是往前走。如果光是盲从，开倒车，认为这里面会有什么百病皆验的灵方，那就不对了。"

六

他的生活是朴素的。凡是为他养病而备办的一切，他总要注意是否浪费。哪怕是很少的一点添置，他都要亲自过问；如果不得到他的许可（这许可是要经过几次劝说的），人们不敢偷偷地替他购办任何一件东西。关心这些琐事，自然也使他耗费了精神。有些衬衣，都是用旧布改做的；其他日用品或是书籍之类，他也都非常仔细地保存，长久不至损坏。

今年春天，由于混合感染，他的肋膜化脓，发热很高，脓液里发现了很多球菌。会诊决定，给他用盘尼西林治疗。因为这是比较稀少的药品，所以他担心用得太多。在注射中间，他问我："如果有了重病，还有的用吗？"我告诉他还有，他才放心。后来化脓停止之后，他笑着说："好啊，以后努力工作，报答这些盘尼西林吧。"

疾病这样地折磨了他，可是他的言谈始终是十足健康的。我和他相处了一年，随时在生活上接触，但我从没有听他说过一句柔弱无力的话。

他总觉得自己还年轻，虽然病了几年，不要紧，将来还能做很多事情，补偿得起来。

"孔子说：'三十而立，四十而不惑。'这话是有道理的。人只有过了 40 岁，才能真正做些事情。就算我再病上两年，再开始工作，那还不晚。"

可是他的身体违背了他的意志，一天天坏下去了。由于脓胸，他的左肺已经完全萎缩；右肺的病发展得很快，将近一半也已经坏了。当他想到不会完全恢复健康的时候，他依然没有颓丧。

"即或是身体坏了，不能东奔西跑做军事工作，我还能做些别的工作。前次萧三同志来了，我和他讲：'我将来做你那一行吧。'实在的，我也很愿意写些东西。"

一直到最后，他的左手已经肿起来，他还是一点不失望：

"把左手割掉，有一只手照样可以做事的。"

当我看着他的灵柩送进墓穴的时候，我不禁想起他在病中常说的一句话："能够为人民劳动，便是最大的幸福。"

现在，他不能再继续劳动了，可是他的劳动成果将永久留在这个世界上。

父亲陈赓二三事①

陈知进

写字如同做人

1959年夏天，生病后的父亲在颐和园休养。医生告诫性急的他要学会安静，所以他又捡起了毛笔，天天练字。他练过的字有好几箱，母亲一直保留至今。其实，从小就接受私塾教育的他，国学功底还是很深的。小时候学过的文章、诗词依旧背得纯熟。他在看过话剧《武则天》后，曾坐在沙发上激动地摇着头吟唱骆宾王的《讨武则天檄文》，那情景就像昨天的事。

我们家的孩子学写字，多是从上小学前爸爸教我们学写毛笔字开始的。我记忆最深的是他告诉我这写字其实和做人一样，见字如见其人，要实实在在，不要学花架子，像有些人毛笔字只会签名。他还欣然挥笔，为我写下了"毛泽东时代少年最幸福努力学听老师话知进"给我做模子，让我拓着练。这幅字我一直珍藏至今。虽然这么多年，我的字始终未练出个样子，但父亲教我如何做人的那些深入浅出的道理，始终在耳边回响。

要能受得住委屈

父亲总希望我们在成长过程中多经受些磨炼。三年级那年，

---

① 选自《红星照耀的家庭》，中共党史出版社2008年版。有改动。

年级里第一批同学加入少先队，没有我，给我触动很大。他在给母亲的信上说："小进六一没有加入少先队，原因是她课堂纪律不好——好说话，大队没有通过。返家后伤心地大哭了一场。这个孩子颇有自尊心，这几天精神较振作，回家自动做功课，不需督促，表示要改正缺点。她的老师说七一可以入队，这样给她一点刺激，我看很好。"现在，当我回首往事再看这封信，那时的情景就又出现在眼前，心里仍然很激动，这其中的真谛这么多年才慢慢地悟出。

哥哥比我长几岁，爸爸对他讲得就更深些。一次哥哥在学校受了委屈，心里不痛快，爸爸说这点委屈算什么，给他讲了自己当年从国民党监狱出来后的故事。那时王明曾指示说，陈赓和蒋介石关系不一般，被捕后要么叛变要么也得给杀了，不可能回来；若是放出来一定不可靠，要派人杀了他。幸而来人与他同在特科工作过，对他太了解而未动手。爸爸知道后虽然也伤心过、委屈过，但仍毅然回到中央苏区接受组织的审查考验，继续为他理想中的事业而奋斗。

父亲的恨与爱

父亲是个非常重感情的人，他的爱与恨都十分鲜明。他会用蔑视的口气给我们讲蒋介石的故作姿态；让他切齿憎恨的坏蛋是出卖灵魂、出卖同志的叛徒顾顺章；他看不起在革命风浪中摇摆不定的人。然而我感受到更多的是他对领袖、战友、朋友的感情。

父亲的经历，在我军将领中是独特而具有传奇色彩的，他的坎坷经历与中国革命的历程紧紧相连，他与中国现代历史上国共两党许多重要人物都有过很深的交往。

周恩来伯伯是父亲最尊敬的领导，从黄埔时期起就是他的良师益友，工作中遇到棘手的问题，他会想尽办法找到总理去解决，为了让总理批准他调人去军事工程学院做教授，能把总理堵在卫生间里签字。可是父亲生病后，在公共场合遇到周伯伯，父亲总躲在大个子罗瑞卿叔叔后面，怕的是周伯伯见到他后，又要关心地询问他的身体健康而让忙于国事的总理分心。

他曾带我们去看望过他尊敬的师母宋庆龄主席和何香凝奶奶。每次宋庆龄主席出行，他一定要亲自去迎送。遇到两位老人过生日，父亲一定会和母亲一块儿去祝寿。他也常跟廖梦醒阿姨为到底是谁看着谁长大而争执不下，还笑着抱怨"廖公子"廖承志叔叔与他一起入狱，却置他于不顾先出狱。其实当年狱中还是爸爸为廖叔叔献计，尽快通知其母何香凝和孙夫人，利用舆论压力才使廖叔叔尽早获释的。

父亲也常会见一些原国民党的资深人士、民主人士。他的一些黄埔同学，包括那些昔日的同窗、战场上的对手、后来又被释放的战犯，都一直同他有着深厚的友谊，他们还相约一起为解放台湾再出一把力。

越南的胡志明伯伯也是他很敬重的。他们的友谊可以追溯到20世纪20年代，又经历过50年代初越北战火的考验。那年胡伯伯访华，从中南海出来路过我们家，听说父亲住在这里，不顾外交礼节，非下车探望病中的父亲，害得在院子里乘凉的父亲措手不及，穿着短衣裤迎客，那穿着倒与1950年他们在越北战场上共同指挥战斗时有些相似。不懂事的小弟弟小涯好奇地爬到胡伯伯身上去揪他的胡子，爸爸急忙把小弟弟拉下来，胡伯伯却笑着说没关系。因为胡伯伯早就说过，他们是"心心相印"。

父亲一生艰辛，多少次死里逃生，有多少人救过他的生命。他给我们讲过，在南昌起义后负伤时，把他背出战场的卢冬生，在汕头救他脱险的护士小姐，精心治疗他的伤腿的傅连暲医生，上海的牛惠霖、牛惠生医生，从监狱里帮他逃出来的广东麻子……他在新中国成立后曾千方百计地去打听这些人和他们的家人，寻找他们的下落。此次，为纪念他 100 周年诞辰整理材料时，我又发现有多少人得到过他的帮助而生存、脱险。有身患重病的中央领导，身陷囹圄的革命领袖，有战争年代的红小鬼、战友，被错误路线陷害险些丧命的同志……有更多的战友和他一起经历了生死的考验。我这才理解了什么叫"生死之交"，也明白了为什么父亲的朋友这么多、这么广。共同的理想把他们牢牢地系在一块。

他要去老区看看

　　父亲在新中国成立后重返雨花台，给妈妈的信上说："这次在南京，曾趁暇去雨花台凭吊烈士，在许多陈列的照片中，发现了很多是我过去的老战友和难友，一时间情不自禁，潸然泪下。因此，想到我还活着，较之他们占了大便宜，如果我还不振作，如今有些疲惫感的话，那我太对不起他们了。"看了这段话，就更能理解为什么他那样千方百计寻找、照顾烈士的家属、子女，帮助那些为革命工作做过贡献的人，更理解他为什么是那样的"工作狂"。

　　父亲在生命的最后一年里，还与他的老战友相约要一起去井冈山看看，虽然他没有在那里战斗过，但他参加过的南昌起义点燃的革命武装斗争的火种曾在那里燃烧，那儿也是他们在上海隐蔽战线工作时，冒死搜集敌人情报、帮助中央红军粉碎蒋介石的"围剿"而保卫过的圣土。他也想到他抗战时长期战斗过的山西太岳区老根据地去看看，但又感叹如何面对老区人民："是他们支持养育了部队，而我带出的部队牺牲了那么多人，她们如果向我要儿子、要丈夫呢？"那年他已经到了太原，可是因为中央要开会，被叫了回来，使他深感遗憾。他一直在关心着老区人民的生活状况，老区的建设和发展。

在他去世前一年，父亲和母亲带着两个弟弟回到了他魂牵梦绕的故乡——湖南湘乡。那时正值经济困难时期，父亲来到老乡家里，看到面黄肌瘦的乡亲们和他们饭桌上还算丰盛的饭菜，似乎明白了什么，他说不要看饭桌而要看看米桶和谷仓，当地干部傻了。对着空空的米仓，他说："蒋介石骗不了我，日本鬼子蒙不过我，就你们还能哄过我吗？"原来当地干部是怕他看到伤心，先给邻居们发放了鱼肉饭菜。这使他很心痛，而他并没有过多的责备基层干部们，只是给他们讲了要实事求是，带领群众共渡难关的道理。回京后，还是想办法给县里拨了部队一些退役物资。

要让孩子们多了解些过去

1961 年放寒假，爸爸带着我们去了上海。他曾对妈妈说过，之所以不愿意去广州，因为他是病号，会给当时在那儿开会的中央领导增加麻烦；而上海是他出生入死战斗多年的地方，有着深厚的感情。上海的同志邀请他，他便欣然前往了。其中还有一个因素，他希望让我们也受到教育。

在火车从浦口过长江的轮渡上，爸爸打开了话匣子，开始讲起了故事。他告诉我们，国民党高官坐的火车包厢叫做花车，他在特科工作时到天津出差所坐的那列火车就挂上了这样一节花车，而花车的主人就是他黄埔的老熟人钱大钧，他躲来躲去还是被他发现了，几经周旋后终于脱险。他曾下决心要跟他的这些黄埔故旧最后在战场上一决高低，他做到了。火车开向上海，勾起他往事思绪，他又给我们讲了东征时救蒋介石和后来蒋介石在南昌向他劝降的故事。这是我印象中父亲给我们讲得最长的故事。

在上海，他要我们去"大世界"开开眼界，给我们讲什么是旧上海花花世界，什么是冒险家的乐园；他还带着我们去外婆家，也要我们了解上海普通劳动人民是怎样生活的。给我印象最深的是，他带我们去参观了一个敌伪时期的监狱。那阴森森的水牢、可怕的地牢令我大为震惊，世上居然还有这样残酷的地方。

那年正值国家经济困难时期。住在丁香花园，他一直要市委的同志降低伙食标准。妈妈从院子的草地里找来野韭菜做菜，爸爸可高兴了，一边招呼着大家吃菜，一边和妈妈一起给我们讲延安大生产的故事。直到今天我似乎还能闻到那野菜的清香和感到那其乐融融的气氛。

后来妈妈告诉我们，正是那会儿，他曾多次对她讲，说我们还小，还不了解他们的过去，要她多给我们讲讲他们是怎样为共产主义奋斗的。父亲去世后，母亲坚持为他伤痕累累的两腿拍照，说这也是他的遗愿，要让我们记住他革命历程的艰辛。

伟大人格

大无大有周恩来^①

——纪念周恩来诞辰一百周年

梁　衡

　　今年是周恩来诞辰百年，他离开我们也已经 22 年，但是他的身影却时时在我们身边，至今，许多人仍是一提总理双泪流，一谈国事就念总理。陆放翁诗："何方可化身千亿，一树梅前一放翁"，是什么办法化作总理身千亿，人人面前有总理呢？难道世界上真的有什么灵魂的永恒？伟人之魂竟是可以这样地充盈天地，浸润万物吗？就像老僧悟禅，就如朱子格物，自从 1976 年 1 月国丧以来，我就常穷思默想这个费解的难题。20 多年了，终于有一天我悟出一个理：总理这时时处处"有"，原来是因为他那许许多多的"无"，那些最不该，最让人想不到、受不了的"无"啊。

　　总理的惊人之无有六。

　　一是死不留灰。

　　周恩来是中国历史上第一个提出死后不留骨灰的人。当总理去

① 选自《只求新去处》，作家出版社 1999 年 10 月版。

世的时候，正是中国政治风云变幻的日子，林彪集团刚被粉碎，江青"四人帮"集团正自鸣得意，中国上空乌云压城，百姓肚里愁肠千结。1976年新年刚过，一个寒冷的早晨突然广播里传出了哀乐。人们噙着泪水，对着电视一遍遍地看着那个简陋的遗体告别仪式，突然江青那副可憎的面孔出现了，她居然不脱帽鞠躬，许多人在电视机旁都发出了怒吼：江青脱掉帽子！过了几天，报上又公布了遗体火化，并且根据总理遗嘱不留骨灰。许多人都不相信这个事实，一定是江青这个臭婆娘又在搞什么阴谋。直到多少年后，我们才清楚，这确实是总理遗愿。1月15日下午追悼会结束后，邓颖超就把家属召集到一起，说总理在十几年前就与她约定死后不留骨灰。灰入大地，可以肥田。当晚，邓颖超找来总理生前党小组几个成员帮忙，一架农用飞机在如磐的夜色中冷清地起飞，先飞临天津，这个总理少年时代生活和最早投身革命的地方，又沿着渤海湾飞临黄河入海口，将那一捧银白的灰粉化入海空，也许就是这一撒，总理的魂魄就永远充满人间，贯通天地。

　　但人们还是不能接受这一事实。多少年后还是有人提问，难道总理的骨灰就真的一点也没有留下吗？中国人和世界上大多数民族都习惯修墓土葬，这对生者来说，以备不时之念，对死者来说则希望还能长留人间。多少年来越有权的人就越下力气去做这件事。许多世界上著名的陵寝，中国的十三陵，印度的泰姬陵，埃及的金字塔，还有一些埋葬神父的大教堂，我都看过。共产党是无神论，又是以解放全人类为己任，当然不会为自己的身后事去费许多神。所以一解放，毛泽东就带头签名火葬，以节约耕地，但彻底如周恩来这样连骨灰都不留却还是第一次，你看一座八宝山，不就是存灰为记吗？历史上有多少名人，死后即使无尸，人们也要为他修一个衣冠冢。老舍先生的追悼会上，骨灰盒里放的是一副眼镜，一支钢笔。纪念死者总得有个念物，有个引子啊！

没有灰，当然也谈不上埋灰之处，也就没有碑和墓，欲哭无泪，欲祭无碑，魂兮何在，无限相思寄何处？中外文学史上有许多名篇都是碑文、墓志和在名人墓前的凭吊之作，有许多还发挥出炽热的情和永恒的理。如韩愈为柳宗元写的墓志痛呼："士穷乃见节义"，如杜甫在诸葛亮祠中所叹："出师未捷身先死，常使英雄泪满襟"，都成了千古名言。明代张溥著名的《五人墓碑记》"扼腕墓道发其志士之悲"简直就是一篇正义对邪恶的宣言。就是空前伟大如马克思这样的人，死后也有一块墓地，恩格斯在他墓前的演说也选入马恩文选，成了国际共运的重要文献。马克思的形象也因这篇文章更加辉煌。为伟人修墓立碑已成中国文化的传统，中国百姓的习惯，你看明山秀水间，市井乡村里，还有那些州县府志的字里行间，有多少知名的，不知名的故人墓、碑、庙、祠、铭、志，怎么偏偏轮到总理，这个前代所有名人加起来都不足抵其人格伟大的人，就连一个我们可以为之扼腕、叹息、流泪的地方也没有呢？于是人们难免生出一丝丝的猜测，有的说是总理英明，见"四人帮"猖狂，政局反复，不愿身后有伍子胥鞭尸之事；有的说是总理节俭，不愿为自己的身后事再破费国家钱财。但我想，他主要的就是要求一个干净。生时鞠躬尽瘁，死后不留麻烦。他是一个只讲奉献，献完转身就走的人，不求什么纪念的回报和香火的馈饷。也许隐隐还有另一层意思。以他共产主义者的无私和中国传统文化的忠君，他更不愿在身后出现什么"僭越"式的悼念，或因此又生出一些政治上的尴尬。果然，地球上第一个为周恩来修纪念碑的，并不是中国，而是在日本。第一个纪念馆也不是建在北京，而是在他的家乡。日本的纪念碑是一块天然的石头，上面刻着他留学日本时的那首《雨中岚山》。1994年我去日本时曾专门到樱花丛中去寻找过这块诗碑。我双手抚石，西望长安，不觉泪水涟涟。天力难回，斯人长逝已是天大的遗憾，而在国内又无墓可寻，叫人又是一种怎样的惆怅？一个曾叫世界天翻地覆的英雄，一个为民族留下了一个共和国的总理，却连一点骨灰也没有留下，这强烈的反差，让人一想，心里就有如坠落千丈似的空茫。

二无是生而无后。

中国人习惯续家谱，重出身，爱攀名人之后也重名人之后。刘备明明是个编席卖履的小贩，却攀了个皇族之后，被尊为皇叔，诸葛亮和关、张、赵、马、黄等一批文武，就捧着这块招牌，居然三分天下。一般人有后无后，还是个人和家族的事。名人无后却成了国人的遗憾。不孝有三，无后为大。纪念故人也有三：故居、墓地、后人，后人为大。虽然后人不能尽续其先人的功德才智，但对世人来说，有一条血缘的根传下来，总比无声的遗物更惹人怀旧。要不我们现在的政协委员中为什么要安排一些名人之后呢？连孔子这个2000多年前的老故人，也要一代代地去细寻其脉，找出个几世孙来去做人大政协的代表委员。人们尊其后，说到底还是尊其人。这是一种纪念，一种传扬，要不怎么不去找出个秦桧的几世孙呢？清朝乾隆年间有位叫秦大士的名士过岳坟，不由感叹道："人从宋后羞名桧，我到坟前愧姓秦。"可见前人与后人还是大有关系，名人之后更是关系重大。越是功高德重为民族作出牺牲的逝者，人们就越尊重他们的后代，好像只有这样才能表达对他们的感激，赎回生者的遗憾。总理并不脱俗，也不寡情。我在他的绍兴祖居，亲眼见过抗战时期他和邓颖超回乡动员抗日时，恭恭敬敬地续写在家谱上的名字。他在白区经常做的一件事，就是搜求烈士遗孤，安排抚养。他常说：不这样我怎么能对得起他们的父母？他在延安时亲自安排将瞿秋白、蔡和森、苏兆征、张太雷、赵世炎、王若飞等烈士之子女送到苏联好生教育、看护，并亲自到苏联去与斯大林谈判，达成了一个谁也想不到的协议：这批子弟在苏联只求学，不上前线（而苏联国际儿童院中其他国家的子弟，在战争中上前线共牺牲了 21 名）。这恐怕是当时世界上两个最大的人物，达成的一个最小的协议。总理何等苦心，他是要为烈士存孤续后啊。20 世纪六七十年代，中日民间友好往来，日本著名女运动员松崎君代，多次受到总理接见。当总理知道她婚后无子时，便关切地留她在京治病，并说有了孩子可要告诉一声啊。1976 年总理去世，她悲呼道："周先生，我们已经有了孩子，但还没有来得及告诉您！"确实子孙的繁衍是人类最实际的需要，是人最基本的情感。但是天何不公，轮到总理却偏偏无后，这怎么能不使人遗憾呢？是残酷的地下斗争和战争夺去邓颖超同志腹中的婴儿，以后又摧残了她的健康。但是以总理之权、之位、之才和一个倾倒多少女性的风采，何愁不能再建家室，传宗接代呢？这在解放初党的中高级干部中不乏其人，并几乎成风。但总理没有。他以倾国之权而坚守平民之德。后来有一个厚脸皮的女人写过一本书，称她自己就是总理的私生女，这当然经不起档案资料的核验。举国一阵哗然之后，如风吹黄叶落，复又秋阳红。但人们在愤怒之余心里仍然隐隐存着一丝惆怅。特别是眼见和总理同代人的子女，或子女的子女，不少都官居高位名显于世，不禁又要黯然神伤。中国人的传统文化是求全求美的，如总理这样的伟人该是英雄美人、父英子雄、家运绵长的啊。然而，这一切都没有。这怎么能不在国人心中凿下一个空洞呢？人们的习惯思维如列车疾驶，负着浓浓的希望，却一下子冲出轨道，跌入了一个无底的深渊。

三无是官而不显。

千百年来，官和权是连在一起的。官就是显赫的地位，就是特殊的享受，就是人上人，就是福中福，官和民成了一个对立的概念，也有了一种对立的形象。但周恩来作为一国总理则只求是官而不显。在外交、公务场合他是官，而在生活中，在内心深处，他是一个最低标准甚至不够标准的平民。他是中国有史以来的第一个平民宰相，是世界上最平民化的总理。一次他出国访问，内衣破了送到我驻外使馆去补，去洗。当大使夫人抱着这一团衣服回来时，伤心得泪水盈眶，她怒指着工作人员道："原来你们就这样照顾总理啊！这是一个大国总理的衣服吗？"总理的衬衣多处打过补丁，白领子和袖口是换过几次的，一件毛巾睡衣本来白底蓝格，但早已磨得像一件纱衣。后来我见过这件睡衣，瞪大眼睛也找不出原来的纹路。这样寒酸的行头，当然不敢示人，更不敢示外国人。所以总理出国总带一只特殊的箱子，不管住多高级的宾馆，每天起床，先由我方人员将这一套行头收入箱内锁好，才许宾馆服务生进去整理房间。人家一直以为这是一个最高机密的文件箱呢。这专用箱里锁着一个贫民的灵魂。而当总理在国内办公时就不必这样遮挡"家丑"了；他一坐到桌旁，就套上一副蓝布袖套，那样子就像一个坐在包装台前的女工。许多政府工作报告，国务院文件和震惊世界的声明，都是在这蓝袖套下写出的啊。只有总理的贴身人员才知道他的生活实在太不像个总理，总理一入城就在中南海西花厅办公，一直住了25年。这是座老平房，又湿又暗，工作人员多次请示，总理都不准维修。终于有一次工作人员趁总理外出时将房子小修了一下，于是《周恩来年谱》便有了这样一段记载：1960年3月6日，总理回京，发现房已维修，当晚即离去暂住钓鱼台，要求将房内的旧家具（含旧窗帘）全部换回来，否则就不回去住。工作人员只得从命。一次，总理在杭州出差，临上飞机时地方上送了一筐南方的时鲜蔬菜，到京时被他发现，严厉批评了工作人员，并命令折价寄钱去。一次，总理在洛阳视察，见到一册碑帖，问秘书身上带钱没有，没有钱，总理摇摇头走了。总理从小随伯父求学，伯父迁坟，他不能回去，先决定派弟弟去，临行前又改派侄儿去，为的是尽量不惊动地方。一国总理啊，他理天下事，管天下财，住一室，食一蔬，用一物，办一事算得了什么？多少年来，在人们的脑子里，做官就是显耀。你看，封建社会的官帽，不是乌纱便是红顶，官员的出行，或鸣锣开道，或静街回避，不就是要一个"显"字。这种显耀或为显示权力，或为显示财富，总之是要显出高人一等。古人一考上进士，就要鸣锣报喜，一考上状元就要骑马披红走街，一当上官就要回乡到父老面前转一圈，所谓衣锦还乡，就为的是显一显。刘邦做了皇帝后，曾痛痛快快地回乡显示过一回，元散曲中专有一篇著名的《高祖还乡》挖苦此事。你看那排场："红漆了银叉，银铮了斧。甜瓜苦瓜黄金镀。明晃晃马镫枪尖上挑。白雪雪鹅毛扇上铺。这几个大人物，拿着些不曾见的器仗，穿着些大作怪的衣服。"西晋时有个石崇官做到了荆州刺史，也就是地委书记吧，就敢于同皇帝司马昭的小舅子王恺斗富。他平时生活"丝竹尽当时之精，庖膳穷水陆之珍"，招待客人，以锦围步幛50里，以蜡烧柴做饭，王恺自叹不如。现在这种显弄之举更有新招，比座位，比上镜头，比好房，比好车，比架子。一次一位县级小官到我办公室，身披呢子大衣，刚握完手，突然后面蹿上一小童，双手托举一张名片。原来这是他的跟班，连递名片也要秘书代劳，这个架子设计之精，我万万没有想到。刚说几句话又抽出"大哥大"，向千里之外的穷乡僻壤报告他现已到京，正在某某办公室，连我也被他编入了显耀自己的广告词。我不知道他在地方上有多大政绩，为百姓办了多少实事，看这架子心里只有说不出的苦和酸。想总理有权不私，有名不显，权倾一国两袖清风，这种近似残酷的反差随着岁月的增加倒叫人更加十分地不安和不忍了。

四无是党而不私。

列宁讲：人是分为阶级的，阶级是由政党来领导的，政党是由领袖来主持的。大概有人类就有党，除政党外还有朋党、乡党等小党。毛泽东同志就提到过党外有党，党内有派。同好者为党，同利者为党，在私有制的基础上，结党为了营私，党成了求权、求荣、求利的工具。项羽、刘邦为楚汉两党，汉党胜，建刘汉王朝，三国演义就是曹、孙、刘三党演义。朱元璋结党扯旗，他的对立面除元政权这个执政党外，还有张士诚、陈友谅各在野党，结果朱党胜而建朱明王朝。只有共产党成立以后才宣布，它是专门为解放全人类而做牺牲的党，除了人民利益，国家民族利益，党无私利，党员个人无私求。无数如白求恩、张思德、雷锋、焦裕禄这样的基层党员，都做到了入党无私，在党无私。但是当身处要位甚至领袖之位，权握一国之财，而要私无一点，利无一分，却是最难最难的。权用于私，权大一分就私大一丈，失之毫厘差之千里，做无私的战士易，做无私的官难，做无私的大官更难。像总理这样军政大权在握的人，权力的砝码已经可以使他左偏则个人为党所用，右偏则党为个人所私，或可为党员，或可为党阀了。王明、张国焘不都是这样吗？而总理的可贵正在党而不私。

　　1974 年，康生被查出癌症住院治疗。周恩来这时也有绝症在身，还是拖着病体常去看他。康一辈子与总理不合，总理每次一出病房他就在背后骂。工作人员告诉总理，说既然这样您何必去看他？但总理笑一笑，还是去。这种以德报怨，顾全大局，委曲求全的事，在他一生中举不胜举。周总理同胞兄弟三人，他是老大，老二早逝，他与三弟恩寿情同手足。恩寿解放前经商为我党提供过不少经费，解放后安排工作到内务部，他指示职务要安排得尽量低些，因为他是我弟弟。后恩寿有胃病，不能正常上班，他又指示要办退休，不上班就不能领国家工资。曾山部长执行得慢了些，总理又严厉批评说："你不办，我就要给你处分了"。"文革"中总理尽全力保护救助干部。一次范长江的夫人沈谱（著名民主人士沈钧儒之女）找到总理的侄女周秉德，希望她向总理转交一封信，救救长江。周秉德是沈钧儒长孙儿媳，沈谱是她丈夫的亲姑姑。范长江是我党新闻事业的开拓者，又是沈老的女婿，总理还是他的入党介绍人。以这样深的背景，周秉德却不敢接这封信，因为总理有一条家规：任何家人不得参与公事。

　　如果说总理要借在党的力量谋大私，闹独立，闹分裂，篡权的话，他比任何人都有机会和条件。但是他恰恰以自己坚定的党性和人格的凝聚力，消除了党内的多次磨擦和四次大的分裂危机。五十年来他是党内须臾不可缺少的凝固剂。第一次是红军长征时，这时周恩来身兼五职，是中央三人团（博古、李德、周恩来）之一和中央政治局常委、书记处书记、军委副主席、红军总政委。在遵义会议上，只有他才有资格去和博古、李德争吵，把毛泽东请了回来。王明派对党的干扰基本排除了（彻底排除要到延安整风以后），红一、红四方面军会师后又冒出个张国焘。张兵力远胜中央红军，是个实力派。有枪就有权，不给权就翻脸，党和红军又面临一次分裂。这时周恩来主动将自己担任的红军总政委让给了张国焘。红军总算统一，得以顺利北进，扎根陕北。第二次是大跃进和三年困难时期。1957年底，冒进情绪明显抬头，周恩来、刘少奇、陈云等提出反冒进，毛泽东大怒，说不是冒进，是跃进，并多次让周恩来检讨，甚至说到党的分裂。周恩来立即站出将责任全部揽在自己身上，几乎逢会就检讨，目的只有一个，就是保住党的团结，保住一批如陈云、刘少奇等有正确经济思想的干部，留得青山在，为党度危机。而他在修订规划时，又小心地坚持原则，实事求是。他藏而不露地将"15年赶上英国"，改为"15年或者更多的一点时间"，加了九个字。将"在今后十年或者更短的时间内实现全国农业发展纲要"一句删去了"或者更短的时间内"八个字。不要小看这一加一减八九个字，果然一年以后，经济凋敝，毛泽东说："国难思良将，家贫思贤妻，搞经济还得靠恩来、陈云，多亏恩来给我们留了三年余地。"第三次是"文革"中，林彪骗取了毛主席信任。这时作为二把手的周恩来再次让出了自己的位置。他这个当年黄埔军校的主任，毕恭毕敬地向他当年的学生，现在的副统帅请示汇报，在天安门城楼上、在大会堂等公众场合为之领座引路。林彪的威望，或者就以他当时的投机表现、身体状况，总理自然知道他是不配接这个班的，但主席同意了，党的代表大会通过了，他只有服从。果然，"九大"之后只有两年多，林彪自我爆炸，总理连夜坐镇大会堂，弹指一挥，其余党一网打尽，为国为党再定乾坤。让也总理，争也总理，一屈一伸又弥合了一次分裂。第四次，林彪事件之后总理威信已到绝高之境，但"四人帮"的篡权阴谋也到了剑拔弩张的境地。这时已经不是拯救党的分裂，而是拯救党的危亡了。总理自知身染绝症，一病难起，于是他在抓紧寻找接班人，寻找可以接替他与"四人帮"抗衡的人物，他找到了邓小平。1974年12月，他不顾危病只身飞到韶山与毛泽东商量邓小平的任职。小平一出山，双方就展开拉锯战，这时总理躺在医院里，就像诸葛亮当年卧病军帐之中，仍侧耳静听着帐外的金戈铁马声。"四人帮"唯一忌惮的就是周恩来还在世。这时主席病重，全党的安危系周恩来于一身，他生命延缓一分钟，党的统一就能维持一分钟。现在他躺在床上，像手中没有了弹药的战士，只能以重病之躯扑上去堵枪眼了。癌症折磨得他消瘦、发烧，常处在如针刺刀割般的疼痛中，后来连大剂量的镇痛、麻醉药都已不起作用。但是他忍着，他知道多坚持一分钟，党的希望就多一分。因为人民正在觉醒，叶帅他们正在组织反击。他已到弥留之际，当他清醒过来时，对身边的人说："你去给中央打一个电话，中央让我活几天，我就活几天！"就这样一直撑到1976年1月8日。这时消息还未正式公布，但群众一看医院内外的动静就猜出大事不好。这天总理的保健医生外出办事，一个熟人拦住问："是不是总理出事了，真的吗？"他不敢回答，稍一迟疑，对方转身就走，边走边哭，终于放声大哭起来。四个月后，百姓心中的这股怨气，一举掀翻了"四人帮"。总理在死后又一次救了党。

　　宋代欧阳修写过一篇著名的《朋党论》，指出有两种朋党，一种是小人之朋"所好者禄利，所贪者财货"，一种是君子之朋"所守者道义，所行者忠信，所惜者名节"，而只有君子之朋才能万众一心，"周武王之臣，三千人成一大朋"，以周公为首，这就是周灭商的道理。周恩来在重庆时就被人称周公。直到晚年，他立党为公，功同周公的形象更加鲜明。"周公吐哺，天下归心"。他只不过是"一饭三吐哺"，而我们的总理在病榻上还心忧国事，"一次输液三拔针"啊。如此忧国，如此竭诚，怎么能不天下归心呢？

五无是劳而无怨。

周总理是中国革命的第一受苦人。上海工人起义，八一起义，万里长征，三大战役，这种真刀真枪的事他干；地下特科斗争，国统区长驻虎穴，这种生死度外的事他干；解放后政治工作、经济工作、文化工作，这种大管家的烦人杂事他干；"文革"上下周旋，这种在夹缝中委曲求全的事他干。如果计算工作量，他真正是党内之最。周恩来是1974年6月1日住进医院的，而据资料统计，一至五月共139天，他每天工作12至14小时有九天；14至18小时有74天；19至23小时有39天；连续24小时有5天，只有13天工作在12小时之内。而从三月中旬到五月底，两个半月，日常工作之外，他又参加中央会议21次，外事活动54次，其他会议和谈话57次。他像一头牛，只知道负重，没完没了地受苦，有时还要受气。1934年，因为王明的"左"倾路线和洋顾问李德的指挥之误，红军丢了苏区，血染湘江，长征北上。这时周恩来是军事三人团之一，他既要负失败之责，又要说服博古恢复毛泽东的指挥权，惶惶然，就如《打金枝》中的皇后，劝了金枝，回过头来又劝驸马。1938年，他右臂受伤，两次治疗不愈，只好远走苏联。医生说为了彻底好，治疗时间就要长一些。他却说时局危急，不能长离国内，只短住了6个月，最后还是落下个臂伸不直的残疾。而林彪也是治病，也是这个时局，却在苏联从1938年住到了1941年。"文化革命"中，周恩来成了救火队长，他像老母鸡以双翅护雏，防老鹰叼食一样尽其所能保护干部。红卫兵要揪斗陈毅，周恩来苦苦说服无效，最后震怒道："我就站在大会堂门口，看你们从我身上踩过去！"这时国家已经瘫痪，全国除少数造反派外大多数都成了逍遥派，就只剩下周恩来一个苦撑派，一个苦命人。他像扛着城门的力士，放不下，走不开。每天无休止地接见，无休止地调解。饭都来不及吃，服务员只好在茶杯里调一点面糊。"文革"中干部一层层地被打倒。他周围的战友，副总理、政治局委员已被打倒一大片，连国家主席刘少奇都被打倒了，但偏偏留下了他一个。他连这种"休息"的机会也得不到啊。全国到处点火，留一个周恩来东奔西跑去救火，这真是命运的捉弄。他坦然一笑说："我不下地狱，谁下地狱？"大厦将倾，只留下一根大柱。这柱子已经被压得吱吱响，已经出现裂纹，但他还是咬牙苦撑。由于他的自我牺牲，他的厚道宽容，他的任劳任怨，革命的每一个重要关头，每一次进退两难，都离不开他。许多时候他都左右逢源，稳定时局，但许多时候，他又只能被人们作为平衡的棋子，或者替罪的羔羊。历史上向来是一朝天子一朝臣，共产党的领导人换了多少，却人人要用周恩来。他的过人才干害了他，他的任劳任怨的品质害了他，多苦、多难、多累、多险的活，都由他去顶。

1957年年底，我国经济出现急功近利的苗头，周恩来提出反冒进。毛泽东大怒，连续开会发脾气。1958年1月初杭州会议，毛说："你脱离了各省、各部。"一月中旬南宁会议，毛说："你不是反冒进吗？我是反反冒进的。"这时柯庆施写了一篇升虚火的文章，毛说："恩来，你是总理，这篇文章你写得出来吗？"八月成都会议，周恩来检查，毛还不满意，表示仍然要作为一个犯错误的例子再议。从成都回京之后，一个静静的夜晚，西花厅夜凉如水，周恩来把秘书叫来说，"我要给主席写份检查，我讲一句，你记一句。"但是他枯对孤灯，常常五六分钟说不出一个字。冒进造成的险情已经四处露头，在对下对上、报国与忠君之间，他陷入了深深的矛盾、深深的痛苦。他对领袖的忠诚与服从绝不是封建式的愚忠。他是基于领袖是党的核心，是党统一的标志这一原则和毛主席的威信这一事实，从唯物史观和党性标准出发来严格要求自己的。为了大局，在前几次会上他已经把反冒进的责任全揽在了自己身上，现还要怎样深挖呢？而这深探游走的笔刀又怎样才能做到既解剖自己又不伤实情，不伤国事大局呢？天亮时，秘书终于整理成一篇文字，其中加了这样一句："我与主席多年风雨同舟，朝夕与共，还是跟不上主席的思想。"周恩来指着"风雨同舟，朝夕与共"八个字说，怎么能这样提呢？你太不懂党史，说时眼眶里已泪水盈盈了。秘书不知总理苦，为文犹用昨日辞。几天后，他在八大二次会上做完检讨，并委婉地请求辞职。结论是不许辞。哀莫大于心死，苦莫大于心苦，但痛苦更在于心虽苦极又没有死。周恩来对国对民对领袖都痴心不死啊，于是，他只有负起那让常人看来，无论如何也负不动的委屈。

六无是去不留言。

1976 年元旦前后总理已经到了弥留之际。这时中央领导对总理病情已是一日一问，邓颖超同志每日必到病房陪坐。可惜总理将去之时正是中央领导核心中鱼龙混杂，忠奸共处的混乱之际。奸佞之徒江青、王洪文常假惺惺地慰问却又暗藏杀机。这时忠节老臣中还没有被打倒的只有叶剑英了。叶帅与总理自黄埔时期起便患难与共，又共同经历过党史上许多是非曲折。眼见总理已是一日三厥，气若游丝，而"四人帮"又趁危乱国，叶帅心乱如麻，老泪纵横。一日他取来一叠白纸，对病房值班人员说，总理一生顾全大局，严守机密，肚子里装着很多东西，死前肯定有话要说，你们要随时记下。但总理去世后，值班人员交到叶帅手里的仍然是一叠白纸。

当真是总理肚中无话吗？当然不是。在会场上，在向领袖汇报时，在对"四人帮"斗争时，在与同志谈心时，该说的都说过了，他觉得不该说的，平时不多说一字，现在并不因为要撒手而去就可以不负责任，随心所欲。总理的办公室和卧室同处一栋，邓颖超同志是他一生的革命知己，又同是中央高干，但总理工作上的事邓颖超自觉回避，总理也不与她多讲一字。总理办公室有三把钥匙，他一把，秘书一把，警卫一把，邓颖超没有，她要进办公室必须先敲门。周总理把自己一劈两半，一半是公家的人，党的人，一半是他自己。他也有家私，也有个人丰富的内心世界，但是这两部分泾渭分明，绝不相混。周恩来与邓颖超的爱可谓至纯至诚，但也不敢因私犯公。他们两人，丈夫的心可以全部掏给妻子，但绝不能搭上公家的一点东西；反过来妻子对丈夫可以是十二分的关心，但绝不能关心到公事里去。总理与邓大姐这对权高德重的伴侣堪称是正确处理家事国事的楷模。诗言志，为说心里话而写。总理年轻时还有诗作，现在东瀛岛的诗碑上就刻着他那首著名的《雨中岚山》。皖南事变骤起，他愤怒地以诗惩敌："千古奇冤，江南一叶，同室操戈，相煎何急。"但解放后，他除了公文报告，却很少有诗。当真他的内心情感之门关闭了吗？没有。工作人员回忆，总理工作之余也写诗，用毛笔写在信笺上，反复改。但写好后又撕成碎片，碎碎的，投入纸篓，宛如一群梦中的蝴蝶。除了工作，除了按照党的决定和纪律所做的事，他不愿再表白什么，留下什么。瞿秋白在临终前留下一篇《多余的话》，将一个真实的我剖析得淋漓尽致，然后昂然就义，舍身成仁。坦白是一种崇高。周恩来在临终前只留下一沓白纸。"菩提本无树，明镜亦非台"①，"本来就无我，我复何言哉？"②不必再说，又是一种崇高。

　　周恩来的六个"大无"，说到底是一个无私。公私之分古来有之，但真正的大公无私自共产党始。1998年周恩来诞辰百周年，

---

① ［菩提本无树，明镜亦非台］出自《六祖坛经》。菩提，指觉悟的境界。
② ［本来就无我，我复何言哉］出自《五灯会元》。

也是划时代的《共产党宣言》发表150周年。是这个宣言公开提出要消灭私有制，要求每个党员只有解放全人类才能最后解放自己。我敢大胆说一句，150年来，实践《宣言》精神，将公私关系处理得这样彻底、完美，达到如此绝妙之境者，周恩来是第一人。因为即使如马恩、列宁也没有他这样长期处于手握党权、政权的诱惑和身处各种矛盾的煎熬。总理在甩脱自我，真正实现"大无"的同时却得到了别人没有的"大有"。有大智、大勇、大才和大貌——那种倾城倾国、倾倒联合国的风貌，特别是他的大爱大德。

他爱心博大，覆盖国家、人民及整个世界。你看他大至处理国际关系，小至处理人际关系无不充满浓浓的、厚厚的爱心。美帝国主义和中国人民、中国共产党曾是积怨如山的，但是战争结束后，1954年周恩来第一次与美国代表团在日内瓦见面时就发出友好的表示，虽然美国国务卿杜勒斯拒绝了，或者是不敢接受，但周恩来还是满脸的宽厚与自信，就是这种宽厚与自信，终于吸引尼克松在我们立国21年后，横跨太平洋到中国来与周恩来握手。国共两党是曾有血海深仇的，蒋介石曾以巨额大洋悬赏要周恩来的头。但是当西安事变时，蒋介石已成阶下囚，国人皆曰可杀，连曾经向蒋介石右倾过的陈独秀都高兴地连呼打酒来，蒋介石必死无疑，周恩来却只带了10个人，进到刀枪如林的西安城去与蒋介石握手。周恩来长期代表中共与国民党谈判，在重庆，在南京，在北平。到最后，这些敌方代表竟为他的魅力所吸引，投向了中共。只有团长张治中说别人可以留下，从手续上讲他应回去复命。周却坚决挽留，说西安事变已对不起一位姓张的朋友（张学良），这次不能重演悲剧，并立即通过地下党将张的家属也接到了北平。他的爱心征服了多少人，温暖了多少人，甚至连敌人也不得不叹服。宋美龄连问蒋介石，为什么我们就没有这样的人？美方与他长期打交道后，甚至后悔当初不该去扶植蒋介石。至于他对人民的爱，革命队伍内同志的爱，更是如雨润田，如土载物般地浑厚深沉。曾任党的总书记犯过"左"倾路线错误的博古，可以说是经周恩来亲手"颠覆"下台的，但后来他们相处得很好，在重庆，博古成了周的得力助手。甚至像陈独秀这样曾给党造成血的损失，当他对自己的错误已有认识，并有回党的表示时，周恩来立即着手接洽此事，可惜未能谈成。恩格斯在马克思墓前讲话说："他可能有过许多敌人，但未必有一个私敌。"这话移来评价周恩来最合适不过。当周恩来去世时，无论东方西方同声悲泣，整个地球都载不动这许多遗憾许多愁。

他的大德，再造了党，再造了共和国，并且将一个共产主义者的无私和儒家传统的仁义忠信糅合成一种新的美德，为中国文明提供了新的典范。如果说毛泽东是中国共产党和中华人民共和国的缔造者，周恩来则是党和国家的养护人。他硬是让各方面的压力、各种矛盾将自己压成了粉，挤成了油，润滑着党和共和国这架机器，维持着它的正常运行。五十年来他亲手托起党的两任领袖，又拯救过共和国的三次危机。遵义会议他扶起了毛泽东，"文革"后期他托出邓小平。作为两代领袖，毛邓之功彪炳史册，而周恩来却静静地化作了那六个"无"。新中国成立后他首治战争创伤，国家复苏；二治大跃进灾难，国又中兴；三抗林彪江青集团，铲除妖孽。而他在举国狂庆的前夜却先悄悄地走了，走的时候一点骨灰也没有留。

周恩来为什么这样地感人至深，感人至久呢？正是这"六无"，"六有"，在人们心中撞击、翻搅和掀动着大起大落、大跌大宕的波浪。他的博爱与大德拯救、温暖和护佑了太多太多的人。自古以来，爱民之官受人爱。诸葛亮治蜀27年，而武侯祠香火不断1700年。陈毅游武侯祠道："孔明反胜昭烈（刘备）其何故也？余意孔明治蜀留有遗爱。"遗爱愈厚，念之愈切。平日常人相处尚投桃报李，有恩必报，而一个伟人再造了国家，复兴了民族，泽润了百姓，后人又怎能轻易地淡忘了他呢？我们是唯物论者，但我心里总觉得大概有一天还是会有人要来为总理修一座庙。庙是神的殿堂，神是后人在所有的前人中筛选出来的模范，若比忠义如关公，爱民如诸葛亮。周总理无论在自身修养和治国理政方面，功德、才智、民心等都很像诸葛亮。诸葛亮教子很严，他那篇有名的《诫子书》，教子"非淡泊无以明志，非宁静无以致远"。他勤俭持家，上书后主说，自己家有桑树 800 棵，薄田 15 顷，供给一家人的生活，余再无积蓄。这两件事都常为史家称道。呜呼，总理何如？他没有后，当然也没有什么教子格言；他没有遗产，去世后，家属各分到几件补丁衣服作纪念；他没有祠，没有墓，连灰都不知落在何方；他不立言，没有一篇《出师表》可以传世。他越是这样地没有……，后人就越感念他的遗爱；那一个个没有也就越像一条条鞭子抽在人们的心上。鲁迅说，悲剧是把人生有价值的东西撕裂给人看。是命运从总理身上一条条地撕去许多本该属于他的东西，同时也在撕裂后人的心肺肝肠。那是永远无法弥补的遗憾，这遗憾又加倍转化为深深的思念。渐渐 22 年过去了，思念又转化为人们更深的思考，于是总理的人格力量在浓缩，在定格，在突现。而人格的力量一旦形成便是超时空的。不独总理，所有历史上的伟人，中国的司马迁、文天祥，外国的马克思、列宁，我们又何曾见过呢？爱因斯坦生生将一座物理大山凿穿而得出一个哲学结论：当速度等于光速时，时间就停止；当质量足够大时它周围的空间就弯曲。那么，我们为什么不可以再提出一个"人格相对论"呢？当人格的力量达到一定强度时，它就会迅如光速而追附万物；穹庐空间而护佑生灵。我们与伟人当然就既无时间之差又无空间之别了。

　　这就是生命的哲学。

　　周恩来还会伴我们到永远。

1988 年 1 月 8 日

觅渡，觅渡，渡何处？[①]

——瞿秋白的故事

梁　衡

常州城里那座不大的瞿秋白的纪念馆我已经去过三次。从第一次看到那个黑旧的房舍，我就想写篇文章。但是六个年头过去了，还是没有写出。瞿秋白实在是一个谜，他太博大深邃，让你看不清摸不透，无从写起但又放不下笔。去年我第三次访秋白故居时正值他牺牲60周年，地方上和北京都在筹备关于他的讨论会。他就义时才36岁，可人们已经纪念了他60年，而且还会永远纪念下去。是因为他当过党的领袖？是因为他的文学成就？是因为他的才气？是，但不全是。他短短的一生就像一幅永远读不完的名画。

我第一次到纪念馆是1990年。纪念馆本是一间瞿家的旧祠堂，祠堂前原有一条河，叫觅渡河。一听这名字我就心中一惊，觅渡，觅渡，渡在何处？瞿秋白是以职业革命家自许的，但从这个渡口出发并没有让他走出一条路。"八七会议"他受命于白色恐怖之中，以一副柔弱的书生之肩，挑起了统帅全党的重担，发出武装斗争的吼声。但是他随即被王明，被自己的人一巴掌打倒，永不重用。后来在长征时又借口他有病，不带他北上。而比他年纪大身体弱的徐特立、谢觉哉等都安然到达陕北，活到了新中国成立。他其实不是被国民党杀的，是被"左"倾路线所杀。是自己的人按住了他的脖

---

　　①　选自《只求新去处》，作家出版社1999年10月版。瞿秋白（1899—1935），中国无产阶级革命家，中国共产党早期领导人。

子，好让敌人的屠刀来砍。而他先是仔细地独白，然后就去从容就义。

如果秋白是一个如李逵式的人物，大喊一声："你朝爷爷砍吧，20年后又是一条好汉。"也许人们早已把他忘掉。他是一个书生啊，一个典型的中国知识分子，你看他的照片，一副多么秀气但又有几分苍白的面容。他一开始就不是舞枪弄刀的人。他在黄埔军校讲课，在上海大学讲课，他的才华熠熠闪光，听课的人挤满礼堂，爬上窗台，甚至连学校的教师也挤进来听。后来成为大作家的丁玲，这时也在台下瞪着一双稚气的大眼睛。瞿秋白的文才曾是怎样折服了一代人。后来成为文化史专家、新中国文化部副部长的郑振铎，当时准备结婚，想求秋白刻一对印，秋白开的价格是50元。郑付不起转而求茅盾。婚礼那天，秋白手提一手绢小包，说来送金50，郑不胜惶恐，打开一看却是两方石印，可想他当时的制印水平。秋白被排挤离开党的领导岗位之后，转而为文，短短几年他的著译竟有500万字。鲁迅与他之间的敬重和友谊，就像马克思与恩格斯一样的完美。秋白夫妇到上海住鲁迅家中，鲁迅和许广平睡地板，而将床铺让给他们。秋白被捕后鲁迅立即组织营救，他就义后鲁迅又亲自为他编文集，装帧和用料在当时都是一流的。秋白与鲁迅、茅盾、郑振铎这些现代文化史上的高峰，也是齐肩至顶的啊，他应该知道自己身躯内所含的文化价值，应该到书斋里去实现这个价值。但是他没有，他目睹人民沉浮于水火，目睹党濒于灭顶，他振臂一呼，跃向黑暗。只要能为社会的前进照亮一步之路，他就毅然举全身而自燃。他的俄文水平在当时的中国是数一数二了，他曾发宏愿，要将俄国文学名著介绍到中国来，他牺牲后鲁迅感叹说，本来《死魂灵》由秋白来译是最合适的。这使我想起另一件事。和秋白同时代的有一个人叫梁实秋，在抗日高潮中仍大写悠闲文字，被"左"翼作家批评为"抗战无关论"。他自我辩解说：人在情急时固然可以操起菜刀杀人，但杀人毕竟不是菜刀的使命。他还是一直弄他的纯文学，后来确实也成就很高，一人独立译完了《莎士比亚全集》。现在，当我们很大度地承认梁实秋的贡献时，更不该忘记秋白这样的，情急用菜刀去救国救民，甚至连自己的珠玉之身也扑上去的人。如果他不这样做，留把菜刀做后用，留得青山来养柴，在文坛上他也会成为一个、甚至十个梁实秋。但是他没有。

如果秋白的骨头像他的身体一样的柔弱，他一被捕就招供认罪，那么历史也早就忘了他。革命史上有多少英雄就有多少叛徒。像曾是共产党总书记的向忠发、政治局委员的顾顺章，都有一个工人阶级的好出身，但是一被逮捕，就立即招供。至于陈公博、周佛海、张国焘等高干，还可以举出不少。而秋白偏偏以柔弱之躯演出了一场泰山崩于前而不动的英雄戏。他刚被捕时敌人并不明他的身份，他自称是一名医生，在狱中读书写字，连监狱长也求他开方看病。其实，他实实在在是一个书生、画家、医生，除了名字是假的，这些身份对他来说一个都不假。这时上海的鲁迅等正在设法营救他。但是一个听过他讲课的叛徒终于认出了他。特务趁其不备突然大喊一声："瞿秋白！"他却木然无应。敌人无法，只好把叛徒拉出当面对质。这时他却淡淡一笑说："既然你们已认出了我，我就是瞿秋白。过去我写的那份供词就权当小说去读吧。"蒋介石听说抓到了瞿秋白，急电宋希濂去处理此事，宋在黄埔时听过他的课，执学生礼，想以师生之情劝其降，并派军医为之治病。他死意已决，说："减轻一点痛苦是可以的，要治好病就大可不必了。"当一个人从道理上明白了生死大义之后，他就获得了最大的坚强和最大的从容。这是靠肉体的耐力和感情的倾注所无法达到的，理性的力量就像轨道的延伸一样坚定。一个真正的知识分子向来是以理行事，所谓士可杀而不可辱。文天祥被捕，跳水、撞墙，唯求一死。鲁迅受到恐吓，出门都不带钥匙，以示不归之志。毛泽东赞扬朱自清宁饿死也不吃美国的救济粉。秋白正是这样一个典型的已达到自由阶段的知识分子。蒋介石威胁利诱实在不能使之屈服，遂下令枪决。刑前，秋白唱《国际歌》，唱红军歌曲，泰然自行至刑场，高呼"中国共产党万岁"，盘腿席地而坐，令敌开枪。从被捕到就义，没有一点死的畏惧。

如果秋白就这样高呼口号为革命献身，人们也许还不会这样长久地怀念他研究他。他偏偏在临死前又抢着写了一篇《多余的话》，这在一般人看来真是多余。我们看他短短的一生斗争何等坚决，他在国共合作中对国民党右派的批驳、在党内对陈独秀右倾路线的批判何等犀利，他主持"八七会议"，决定武装斗争，永远功彪史册，他在监狱中从容斗敌，最后英勇就义，泣天地动鬼神。这是一个多么完整的句号。但是他不肯，他觉得自己实在渺小，实在愧对党的领袖这个称号，于是用解剖刀，将自己的灵魂仔仔细细地剖析了一遍。别人看到的他是一个光明的结论，他在这里却非要说一说这光明之前的暗淡，或者光明后面的阴影。这又是一种惊人的平静。就像敌人要给他治病时，他说：不必了。他将生命看得很淡。现在，为了做人，他又将虚名看得很淡。他认为自己是从绅士家庭，从旧文人走向革命的，他在新与旧的斗争中受着煎熬，在文学爱好与政治责任的抉择中受着煎熬。他说以后旧文人将再不会有了，他要将这个典型，这个痛苦的改造过程如实地录下，献给后人。他说过："光明和火焰从地心里钻出来的时候，难免要经过好几次的尝试，试探自己的道路，锻炼自己的力量。"他不但解剖了自己的灵魂，在《多余的话》里还嘱咐死后请解剖他的尸体，因为他是一个得了多年肺病的人。这又是他的伟大，他的无私。我们可以对比一下世上有多少人都在涂脂抹粉，挖空心思地打扮自己的历史，极力隐恶扬善。特别是一些地位越高的人越爱这样做，别人也帮他这样做，所谓为尊者讳。而他却不肯。作为领袖，人们希望他内外都是彻底的鲜红，而他却固执地说：不，我是一个多重色彩的人。在一般人是把人生投入革命，在他是把革命投入人生，革命是他人生实验的一部分。当我们只看他的事业，看他从容赴死时，他是一座平原上的高山，令人崇敬；当我们再看他对自己的解剖时，他更是一座下临深谷的高峰，风鸣林吼，奇绝险峻，给人更多的思考。他既是一个内心纵横交错，又坦荡如一张白纸的人。

我在这间旧祠堂里，一年年地来去，一次次地徘徊，我想象着当年门前的小河，河上来往觅渡的小舟。秋白就是从这里出发，到上海办学，去会鲁迅；到广州参与国共合作，去会孙中山；到苏俄去当记者，去参加共产国际会议，到九江去主持八七会议，发起武装斗争；到江西苏区去，主持教育工作。他生命短促，行色匆匆。他出门登舟之时一定想到"野渡无人舟自横"，想到"轻解罗裳，独上兰舟"。那是一种多么悠闲的生活，多么美的诗句，是一个多么宁静的港湾。他在《多余的话》里一再表达他对文学的热爱。他多么想靠上那个码头，但他没有，直到临死的前一刻他还在探究生命的归宿。他一生都在觅渡，可是到最后也没有傍到一个好的码头，这实在是一个悲剧。但正是这悲剧的遗憾，人们才这样以其生命的一倍、两倍、十倍的岁月去纪念他。如果他一开始就不闹什么革命，只要随便拔下身上的一根汗毛，悉心培植，他也会成为著名的作家、翻译家、金石家、书法家或者名医。梁实秋、徐志摩现在不是尚享后人之飨吗？如果他革命之后，又拨转船头，退而治学，仍然可以成为一个文坛泰斗。与他同时代的陈望道，本来是和陈独秀一起筹建共产党的，后来退而研究修辞，著《修辞学发凡》，成了中国修辞第一人，人们也记住了他。可是秋白没有这样做。就像一个美女偏不肯去演戏，像一个高个儿男子偏不肯去打球。他另有所求，但又求而无获，甚至被人误会。一个人无才也就罢了，或者有一分才干成了一件事也罢了。最可惜的是他有十分才只干成了一件事，甚而一件也没有干成，这才叫后人惋惜。你看岳飞的诗词写得多好，他是有文才的，但世人只记住了他的武功。辛弃疾是有武才的，他年轻时率一万义军反金投宋，但南宋政府不用他，他只能"醉里挑灯看剑，梦回吹角连营"，后人也只知他的诗才。瞿秋白以文人为政，又因政事之败而反观人生。如果他只是慷慨就义再不说什么，也许他早已没入历史的年轮。但是他又说了一些看似多余的话，他觉得探索比到达更可贵。当年项羽兵败，虽前有渡船，却拒不渡河。项羽如果为刘邦所杀，或者他失败后再渡乌江，都不如临江自刎这样留给历史永远的回味。项羽面对生的希望却举起了一把自刎的剑，秋白在将要英名流芳时却举起了一把解剖刀，他们都把行将定格的生命的价值又推上了一层。哲人者，宁肯舍其事而成其心。

秋白不朽。

1996 年 6 月 25 日

瞿秋白名言

我们要抱着乐观去奋斗，我们往前一步，就是进步，不要有着愤嫉的心，固执的空想，要细观察社会病源。我们于热烈的感情以外，还要有沉静的研究，于痛苦困难之中，还要领会它的乐趣。

青年革命健将高君宇①

王小方

五四爱国运动中，北京的青年学生起了先锋作用。在这些爱国青年中，有一位很突出的领导者，那就是后来成为中国共产党的领导人之一、当时闻名南北称为青年革命健将的高君宇。

五 四 闯 将

高君宇，名尚德，字锡兰，1896 年 10 月 22 日（清光绪二十二年九月十六日）出生在山西静乐县峰岭底村。他从小就听说帝国主义侵略中国的种种事实，在幼小的心灵中，播下了救国的种子。辛亥革命推翻了清王朝，振奋了全国人民。可是，袁世凯窃取了大总统的位置，又使中国人民大为失望。那时，高君宇正在山西省立第一中学读书，他"目击时艰，痛国沉沦"，愤然参加了反对袁世凯的斗争，不仅写文章、印传单，到街头演讲，还将《袁氏盗国记》等书籍寄回家乡，鼓动家乡人民起来反袁。

1916 年，20 岁的高君宇考进了北京大学。在这里，他接触到更多的进步书刊，还在李大钊的指导下，开始接触马克思主义。进北大后不到两年，北洋军阀政府和日本签订了《中日共同防御协定》。为了反对这个卖国协定，中国留日学生罢课回国，成立了救

① 选自《中国现代爱国者的故事》，上海人民出版社 1984 年 4 月版。高君宇（1896—1925），中国无产阶级革命家。

国团。高君宇、邓中夏等人也与他们一起，组织请愿游行。就在这次请愿斗争后，他们组织了全国性的学生团体——学生救国会，还决定出版《国民》杂志。从此，他跟随着李大钊，开始研究如何发动群众，进行"直接行动"。

直接行动的日子来到了。1919年4月30日，巴黎和会上中国外交失败的消息传来。《国民》杂志在5月1日清晨就得到了消息，他们震惊了。高君宇是北京大学学生会负责人，他四处奔走，联络各处进步青年，晚上，又在北大西斋召集紧急会议，讨论如何采取直接行动。经过三天准备，5月3日晚上，北大三院礼堂举行全体学生大会，高君宇在会上慷慨陈词，声泪俱下。参加大会的学生们都被他感动了。深夜一时，会散了，高君宇仍与一些骨干学生商讨第二天游行示威的工作，起草宣言，组织各校的联络。忙了一夜后，5月4日上午，高君宇又带领北大学生冲出校门，奔向天安门广场。在天安门广场举行大会后，高君宇又带领学生队伍来到赵家楼。他和几个学生一起，带头冲进卖国贼曹汝霖的住宅，捉住正在里面的另一个卖国贼章宗祥，把他痛打了一顿，还放火烧了曹汝霖的住宅。

高君宇不仅直接领导了五四游行，还写文章揭露日本侵略阴谋和北洋军阀的卖国行径。在斗争中，他奔走呼号，积劳成疾，得了咯血症。但是他的斗志益坚，所以赢得了广大青年的爱戴。人们赞誉他为"中国青年革命的健将"。

坚信马列

五四运动以后，在革命青年中提出了一个问题："中国向何处去"。高君宇早就在李大钊领导下接触了马克思主义。因此，他的结论是明白的，要用马克思主义救中国，要用马克思主义去"唤醒民众"。

马克思主义当时是被反动派当作"洪水猛兽"禁止的，所以，研究它，宣传它，都要克服重重困难。高君宇不仅在马克思主义研究会中认真研究它，而且他和邓中夏一起组织了平民教育团，到处演讲、宣传。每逢假日，平民教育团就举着旗帜，敲着锣鼓，到街头闹市去宣传。高君宇负责的是西城、南城的演讲所。他讲过《私产制度与婚姻》《人的生活》等题目，他讲得深入浅出，生动具体，深受群众的欢迎。后来，他又和邓中夏一起，到乡村和工厂去讲演。他们到长辛店去办劳动补习学校，每逢假日，就乘坐火车到那里去为工人讲课，与工人谈心，从"天为什么下雨"一直讲到俄国的十月革命，不仅使工人懂得了一些科学道理，还使他们了解马克思主义的革命道理。

在进行马克思主义宣传时，高君宇自己的觉悟也不断提高。1920年10月，北京共产主义小组成立时，高君宇是最早的成员之一。他还在李大钊领导下，发起成立北京社会主义青年团。青年团的成立大会，就在高君宇经常办公的北大学生会办公室里举行。出席会议的有40人，大家一致推举他为负责人。到第二年7月，中国共产党成立时，全国只有57名党员，高君宇就是其中的一个。

1922年1月，共产国际在莫斯科召开"远东各国共产党及民主革命团体第一次代表大会"。高君宇作为中国共产党的代表，与瞿秋白等一起从北京来到莫斯科。会议期间，他还受到列宁的接见，听取了列宁对中国革命问题的指示。会后，他又在苏俄进行考察。这使他不仅对列宁领导下的苏维埃政权有了进一步认识，还加深了对马列主义的理解。

这一年5月，中国劳动组合书记部从上海迁到北京。高君宇从莫斯科回国后，便立即在北京投入劳工运动，到长辛店和京汉铁路沿线创办工人子弟学校，组织工人俱乐部和工人联合会，组织工人反对工头，反对账房、司事的斗争。1923年2月的京汉铁路工人总同盟罢工，高君宇就是领导人之一。罢工被镇压后，军阀当局通缉的黑名单上，就列出了他的名字。但是他毫不畏惧，还是写文章揭露北洋政府支持军阀残杀工人，指出"政府只是军阀的政府"。为了向全国人民揭露军阀的罪恶，他参与编印《京汉工人流血记》。他在为这本小册子写的后记中，明确指出，现在能为工人阶级全部利益奋斗的，"只此一个共产党了"。他鼓励工人继续同军阀做殊死斗争，"我们决然要继续这个斗争，最后的胜利一定是我们的"。

高君宇坚定的革命态度，引起了北洋军阀政府的注意。1924年的一天，他们派出大批军警，将高君宇住的腊库胡同 16 号的大门口堵住，四面包围。一批军警破门而入，准备抓走高君宇。这时，高君宇正在家中工作，听到大门被砸声，知道是敌人闯进来了，便立即将重要文件撕碎，浸入脸盆，再倒进痰盂。军警们不知道他在哪个房间，先闯到上房，翻箱倒柜进行搜查。高君宇抓紧时间，化装成厨师模样，逃出了房子。但在北京还是不安全的。当天晚上，他在铁路工人的帮助下，秘密乘火车回到山西家乡。

高君宇到山西后，北京的曹锟政权还下令追捕他。山西的阎锡山也奉令派军警进行搜捕。高君宇却沉着冷静，在省立第一中学秘密住下，并着手发展党员，成立山西第一个共产党组织。接着，他又在同志们的掩护下，离开山西，经上海到广东。

"我是火花"

在革命遭到挫折时，有些人消极动摇，高君宇却十分坚定。他在给女友石评梅的一封信中说："都是悲哀者，因悲哀而失望，便走了消极不抗拒的路子；被悲哀而激起，来担当破灭悲哀原因的事业，就成了奋斗的人了。"高君宇的行动也是如此。他并没有因"二七"罢工失败而失望，并没有因敌人的迫害而退却。

为什么他会如此坚定？因为高君宇认为，只有在火热的革命斗争中，才能使自己的生命发出光辉来。他在自己照片上曾写下了几句言志自勉的诗句：

> 我是宝剑，
>
> 我是火花，
>
> 我愿生如闪电之耀亮，
>
> 我愿死如彗星之迅忽。

当时的广州，已是国共合作的革命根据地。高君宇出席了国民党第一次全国代表大会，并积极组织领导广州的反帝爱国斗争。他领导有名的沙面工人大罢工，迫使英帝国主义取消歧视中国工人的"新警律"。他还组织广州工团军。当英帝国主义策动商团进行叛乱时，高君宇率领工团军跟商团军进行战斗。在激烈的巷战中，他乘坐的指挥车被流弹打穿，他胸侧被打伤。

1924 年，冯玉祥在北京发动政变，推翻了曹锟政府，电邀孙中山北上，共商国是。高君宇也随孙中山一起北上。在北上途中，段祺瑞又控制了北京政府，冯玉祥被排挤出北京。段祺瑞政府继续投靠帝国主义，准备召开"善后会议"。中国共产党和孙中山为了反对"善后会议"，主张召开国民会议。高君宇便不顾自己受伤的身体，带病为促成国民会议夜以继日地工作。1925 年初，国民会议促进会全国代表大会在北京召开，高君宇也是这次大会的代表。

由于劳累过度，高君宇又吐血了，被送入一所德国医院治疗。他人在医院，心里却挂念着革命，还没有治愈，又出院工作。不久，他又得急性盲肠炎，不幸于 3 月 5 日逝世。这时，他年仅 30 岁。

高君宇逝世后，北京和山西的共产党组织都为他举行了隆重的追悼大会。根据他的遗嘱，遗体安葬在他生前常秘密活动的陶然亭畔。高君宇死后第三年，石评梅也因病长辞人世，年仅 27 岁。亲友们葬她于高君宇墓旁。从此，这里双碑辉映，被人们称为"高石之墓"。1983 年，陶然亭公园里的"高石之墓"又整修一新，供人们瞻仰凭吊。

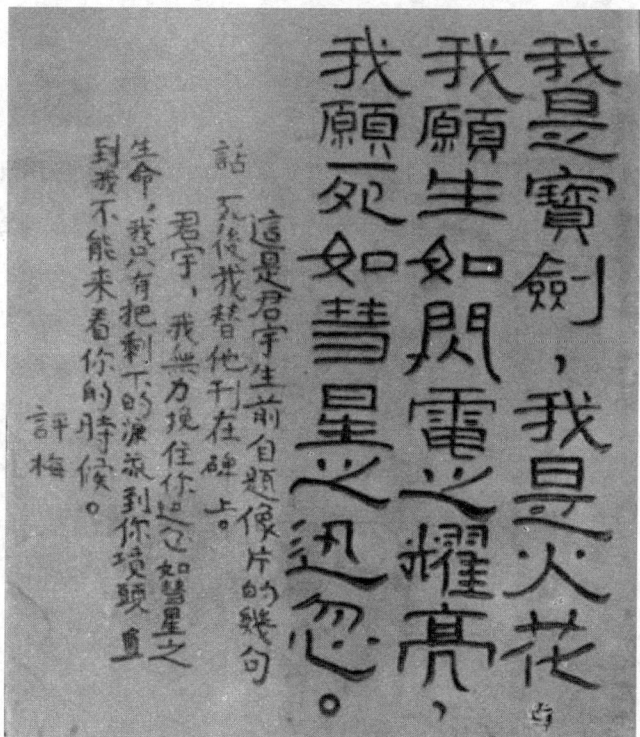

石评梅在高君宇墓碑上的题字

敬告作者

  本书在编写过程中，编者查阅了大量文章和相关资料，选用了相关优秀作品或片段，有的进行了改编。我们尽最大努力和大部分作者或相关部门进行了沟通，取得了他们的支持或授权，在此致以深深的谢意。由于选文面宽，时间跨度大，虽经多方努力，仍有个别作者无法联系上，敬请作者或著作权人给予谅解，并与我们取得联系。我们将按有关规定做出妥善处理。

  出版社联系人：李正堂 电话：010 – 64989445

  编委会联系人：张在军 电话：010 – 62290396